Barbara Beck

Die Habsburger

Barbara Beck

Die Habsburger

Vom 13. bis ins 20. Jahrhundert

marixverlag

Inhalt

Vorwort

Die ursprünglich aus der Schweiz stammenden Habsburger waren eines der mächtigsten Fürstenhäuser Europas. Ihre Geschichte mit all ihren Höhen und Tiefen fasziniert bis heute. Während ihrer langen Herrschaftsdauer von mehr als sechs Jahrhunderten prägten sie in größerem Umfang als andere Hochadelsgeschlechter nicht nur die Geschicke vieler europäischer Völker und Staaten auf mannigfaltige Weise in politischer, wirtschaftlicher und kultureller Hinsicht, sondern hinterließen selbst Spuren in der Neuen Welt. Sie häuften hierbei eine beeindruckende Vielfalt von Titeln, Würden und Herrschaftssymbolen an und erweckten einen noch immer nachwirkenden Mythos zum Leben.

Der vorliegende Band widmet sich der wechselvollen Historie der Habsburger in ihrem Vielvölkerreich, auf das sie im positiven wie auch im negativen Sinne mit ihren Entscheidungen einwirkten. Das Buch spannt dabei den zeitlichen Rahmen vom 13. bis ins 20. Jahrhundert und behält sowohl die spanische als auch die österreichische Linie im Blick. In 26 knapp gefassten Porträts werden bekannte und interessante Familienmitglieder vorgestellt, die der Autorin als besonders bemerkenswert und vielsagend erscheinen. In ihnen spiegelt sich facettenreich die Geschichte der Dynastie in all ihrem Glanz und ihrer Tragik. Generell zeigten sich die Habsburger durch die Jahrhunderte hindurch von ihrem Gottesgnadentum und dem Recht ihrer Familie auf Krone und Kaisertum überzeugt, wie dies so treffend in Joseph Roths berühmtem, 1932 veröffentlichten Roman *Radetzkymarsch* formuliert wird: »Die Monarchie, unsere Monarchie, ist gegründet auf die Frömmigkeit: auf dem Glauben, daß Gott die Habsburger erwählt hat, über so und so viele christliche Völker zu regieren.« Den Auftakt macht Rudolf I., der als erster Habsburger 1273 zum König des Heiligen Römischen Reichs gewählt wurde und seine Familie als Landesherren im Donauraum, dem Zentrum ihrer jahrhundertelangen Regentschaft, installierte. Die Reihe der

Lebensläufe findet ihren Abschluss mit Kaiser Karl I., durch dessen Verzicht auf eine Beteiligung an den Staatsgeschäften in Österreich und Ungarn 1918 die lange Herrschaftsgeschichte des Hauses Habsburg endete. Ergänzt werden die Biografien durch mehrere überblicksartige Einführungstexte, die eine bessere Einordnung der Porträts in die historischen Zusammenhänge ermöglichen sollen. Zusätzliche Einblicke in die Lebenswelt der Habsburger liefern drei kleine kulturgeschichtliche »Exkurse«, die sich den Schlössern und Residenzen, der habsburgischen Begräbniskultur sowie ihrer Rolle als Hoch- und Deutschmeister widmen.

Anfänge und Aufstieg

Der Legende nach sollen die Habsburger, eine der mächtigsten Dynastien Europas, von dem antiken römischen Geschlecht der Colonna oder von den sagenhaften trojanischen Königen abstammen – aber in Wirklichkeit haben sie ihren Ursprung im schweizerischen Aargau. Der erste urkundlich nachweisbare Habsburger ist Graf Guntram der Reiche, der vermutlich Mitte des 10. Jahrhunderts lebte und dem elsässischen Herzogsgeschlecht der Etichonen entstammen soll. Seine Enkel stifteten das im heutigen Schweizer Kanton Aargau gelegene Kloster Muri und das oberelsässische Kloster Ottmarsheim, was auf den bereits in der ersten Hälfte des 11. Jahrhunderts stattlichen Besitz dieses Adelsgeschlechts im Elsass, im Breisgau und im Gebiet der heutigen Schweiz hinweist. Guntrams Enkel Graf Ratbod erbaute außerdem um 1020/30 die »Habichtsburg«, die am Zusammenfluss von Reuß und Aare südlich von Basel liegt. Von dieser später »Habsburg« genannten Anlage leitete sich der Name der Familie ab. Viele Adelsgeschlechter nannten sich üblicherweise nach ihrer Stammburg. Der 1111 gestorbene Otto II. führte wahrscheinlich als erstes Familienmitglied den Titel »Graf von Habsburg«.

Im Laufe des 12. und 13. Jahrhunderts gelang es den Habsburgern mittels geschickter Heiratspolitik und dank glücklicher Erbfälle, ihren Besitz an Gütern und Herrschaftsrechten am Oberrhein zu mehren. 1232 teilte sich die Familie in zwei Linien auf. Während der jüngere Zweig, der sich nach seinem Herrschaftssitz Laufenburg nannte, weniger bedeutend war und bloß bis 1415 existierte, ging aus der Hauptlinie Graf Rudolf IV. hervor, der als erster Habsburger auf den deutschen Königsthron gelangte. Mit ihm setzte der Aufstieg des Hauses Habsburg zu einer Dynastie von europäischer Geltung ein.

Nicht allein durch Heirat, sondern auch durch viele erfolgreich geführte Fehden mit weltlichen und geistlichen Rivalen hatte es Rudolf IV. vermocht, seinen Herrschaftsbereich so auszudehnen, dass die Habsburger im 13. Jahrhundert bereits als das einflussreichste Grafengeschlecht im Südwesten des Deutschen Reichs galten. Als ihn die Kurfürsten am 1. Oktober 1273 zum römisch-deutschen König wählten, begann sich aber auch das territoriale Machtgebiet der Habsburger langsam zu verlagern. In der Auseinandersetzung mit seinem größten Widersacher, dem mächtigen König Ottokar II. von Böhmen, der selbst nach der deutschen Königskrone gestrebt hatte und mit Rudolfs Wahl keineswegs einverstanden gewesen war, trug letztlich König Rudolf I. den Sieg davon. Durch seinen Triumph über den Böhmenkönig in der Schlacht bei Dürnkrut auf dem Marchfeld am 26. August 1278 wurden die Habsburger die neuen österreichischen Landesherren. Wenige Tage vor Weihnachten 1282 konnte Rudolf seine beiden Söhne Albrecht und Rudolf mit den österreichischen Ländern der 1246 ausgestorbenen Babenberger belehnen, die sich der in der Schlacht bei Dürnkrut gefallene Ottokar einst angeeignet hatte. Diese Länder sollten von nun an bis zum Ende der Herrschaft der Habsburger im November 1918 ihren wichtigsten Erbbesitz bilden. Die Vermehrung ihrer Hausmacht und die Schaffung eines erblichen Königtums standen seitdem im Fokus der habsburgischen Politik.

Seine Absicht, einem seiner Söhne die Nachfolge als deutscher König zu sichern und damit eine neue erbliche Königsdynastie zu etablieren, konnte Rudolf I. nicht verwirklichen. Die von ihm angestrebte Kaiserkrönung, die es ihm ermöglicht hätte, schon zu seinen Lebzeiten einen Sohn von den Kurfürsten zum König wählen zu lassen, ließ sich nicht in die Tat umsetzen. Nach Rudolfs Tod im Sommer 1291 entschieden sich die deutschen Kurfürsten, denen die Habsburger zu mächtig geworden waren, gegen Rudolfs Sohn Albrecht und wählten stattdessen den Grafen Adolf von Nassau zum neuen König. Erst nachdem Albrecht seine durch mehrere Adelsaufstände angefochtene Machtposition in den österreichischen Ländern gesichert und König Adolf überdies zunehmend die Unterstützung durch die Reichsfürsten verloren hatte, ließ sich Albrecht im Juni 1298 zum Gegenkönig ausrufen. Die Entscheidung brachte kurz darauf die Schlacht von Göllheim, in der Adolf getötet wurde. Danach wurde der Habsburger von allen Kurfürsten zum neuen Herrscher des Reichs gewählt. Am 24. August 1298 wurde Albrecht I. in Aachen gekrönt. Er erwies sich als tatkräftiger und durchsetzungsfähiger König, der die Haus- und Reichspolitik seines Vaters fortführte. Ihm gelang es sogar, die Oberhand über die Kurfürsten und ihre partikularen Interessen zu gewinnen. Am 1. Mai 1308 fiel er jedoch bei Brugg an der Aare einem Mordanschlag seines Neffen Johann Parricida zum Opfer, der sich von ihm um sein Erbteil betrogen fühlte.

Die Kurfürsten nahmen hieraufhin die sich ihnen bietende günstige Gelegenheit zu einem Dynastiewechsel wahr und wählten den aus dem Haus Luxemburg stammenden Grafen Heinrich zum König. Als der inzwischen zum Kaiser gekrönte Heinrich VII. bereits wenige Jahre später starb, kam es 1314 zu einer Doppelwahl. Ein Teil der Kurfürsten wählte Herzog Friedrich den Schönen, den ältesten Sohn Albrechts I., der andere Teil hingegen Herzog Ludwig IV. von Bayern. Erneut musste Waffengewalt die Entscheidung im Thronstreit herbeiführen. In der Schlacht bei Mühldorf am Inn erlitt Friedrich am 28. September 1322 eine vernichtende Niederlage gegen seinen wittelsbachischen Kontrahenten und geriet in dessen Gefangenschaft. Drei Jahre lang hielt ihn Ludwig auf der Burg Trausnitz an der Pfreimd in ritterlicher Haft. Politisch unter Druck geraten, verständigte sich der Wittelsbacher schließlich mit Friedrich und erkannte diesen 1325 in einem Geheimvertrag als Mitregenten an. Der als hochmütig beschriebene, wenig beliebte und eher schwache Friedrich, der schon 1330 starb, spielte politisch hingegen kaum mehr eine Rolle.

Für über hundert Jahre rückte danach die Reichskrone für die Habsburger in weite Ferne; denn nach dem Tod Kaiser Ludwigs des Bayern im Oktober 1347 setzten sich die Luxemburger durch und besetzten den deutschen Königsthron erfolgreich mit ihren Familienmitgliedern. Neben einer klugen Heiratspolitik, die im Laufe der Jahrhunderte dazu führte, dass sie zu allen europäischen Adelsgeschlechtern in verwandtschaftliche Beziehungen traten, widmeten sich die Habsburger in dieser Zeit hauptsächlich dem Ausbau ihrer landesfürstlichen Stellung. Auf den endgültigen

Erwerb von Kärnten und Krain im Jahr 1335 folgte 1363 die Grafschaft Tirol, aber auch erste Herrschaften im Gebiet des heutigen Vorarlberg kamen hinzu. Weitere Teile Vorarlbergs konnten sie 1376 kaufen. 1368 unterstellte sich die Stadt Freiburg im Breisgau den Habsburgern. 1374 gelangten Teile Istriens, 1382 dann die reichsunmittelbare Stadt Triest unter habsburgische Herrschaft. Im Gegenzug gingen ihnen im 14. und 15. Jahrhundert ihre Besitzungen in der Schweiz verloren, wo ihnen die Eidgenossen mehrere vernichtende Niederlagen auf dem Schlachtfeld beibrachten.

Die Überzeugung, dass ihnen die deutsche Königskrone zustehe, gaben die Habsburger während der ganzen Regierungszeit der Luxemburger nie auf. Besonders Herzog Rudolf IV. der Stifter beanspruchte 1358/59 mittels gefälschter »Freiheitsbriefe«, unter denen sich auch das sogenannte *Privilegium maius* befand, eine über die kurfürstlichen Privilegien hinausgehende Sonderstellung für sich und sein Haus. Von Nachteil für die politische Rolle der Dynastie erwiesen sich die unter den Nachfolgern Rudolfs IV. vorgenommenen Erbteilungen, die häufig mit Bruderzwisten verbunden waren. Zwischen 1379 und 1490 entstanden auf diese Weise vier habsburgische Linien, wodurch nicht allein die habsburgische Hausmacht, sondern ebenso auch die angestrebte Königsgewalt gefährdet wurde, weil die einzelnen Zweige nicht selten gegensätzliche politische Ziele verfolgten.

Nachdem die Luxemburger im Mannesstamm ausgestorben waren, bestieg mit Herzog Albrecht V. 1438 wieder ein Habsburger den deutschen Königsthron. Mit Ausnahme weniger Jahre im 18. Jahrhundert, als nochmals ein Wittelsbacher die Kaiserwürde für sich gewinnen konnte, trugen von da an bis zum Ende des Heiligen Römischen Reichs Deutscher Nation im Jahr 1806 immer die Habsburger die Reichskrone.

Da Herzog Albrecht die Tochter und Alleinerbin des letzten luxemburgischen Kaisers Sigismund, Elisabeth, geheiratet hatte, fielen die luxemburgischen Territorien an die Habsburger. 1437 ließ sich Albrecht daher zum König von Ungarn, 1438 zum König von Böhmen krönen. In beiden Ländern stieß er jedoch bei den Ständen auf starkes Misstrauen. Zu seiner Unbeliebtheit trug sicher bei, dass er die jeweiligen Landessprachen nicht beherrschte. Als der Habsburger, der sich als römisch-deutscher König Albrecht II. nannte, im Sommer 1439 einen Feldzug gegen die in Ungarn eingefallenen Osmanen begann, erkrankte er vermutlich an der Ruhr und starb am 27. Oktober, sodass er seine frisch gewonnene Machtposition nicht mehr in Anspruch nehmen konnte. Zum Vormund seines nachgeborenen Sohnes Ladislaus Postumus war neben seiner Witwe sein Verwandter, Herzog Friedrich V., aus der innerösterreichischen Linie des Hauses Habsburg bestimmt worden. Bereits 1457 verloren die Habsburger Böhmen und Ungarn wieder, als mit Ladislaus Postumus der letzte Spross der albertinischen Linie starb. Erst 1526 gewann die Dynastie die beiden Königreiche endgültig für sich.

Noch im Todesjahr Albrechts II. wählten die deutschen Kurfürsten seinen Verwandten Herzog Friedrich V. als Friedrich III. zum König. Friedrichs lange Regierungszeit war im Inneren von Ständeunruhen und innerfamiliären Konflikten sowie von außen durch die vordringenden Osmanen und den Machtzuwachs des Ungarnkönigs Matthias Corvinus bedroht. Friedrich erreichte es immerhin als einziger Habsburger und zugleich letzter römisch-deutscher König, dass er 1452 vom Papst in Rom zum Kaiser gekrönt wurde. Dank seines zähen Ausharrens und des glücklichen Umstands, dass er alle seine Gegner überlebte, gelang es Friedrich III., die habsburgischen Erblande wieder zusammenzufassen und die Grundlagen für die habsburgische Weltmacht zu schaffen. Im Gegensatz zu seinen habsburgischen Vorgängern auf dem deutschen Königsthron setzte er es außerdem durch, dass sein einziger Sohn Maximilian noch zu seinen Lebzeiten zum römisch-deutschen König gewählt wurde und damit seine Nachfolge im Sinne der Dynastie sichergestellt war.

Rudolf I.

* 1218 wohl auf Burg Limburg i. Breisgau
† 1291 in Speyer

Römisch-deutscher König

Der am 1. Mai 1218 als ältester Sohn des Grafen Albrecht IV. von Habsburg und der Heilwig von Kiburg geborene Rudolf legte die Grundlagen für den späteren Aufstieg seines Hauses zu einer der bedeutendsten europäischen Herrscherdynastien. Über Rudolfs erste 20 Lebensjahre ist nichts Sicheres überliefert. Der Legende nach war er ein Patenkind Kaiser Friedrichs II., weil seine Familie zu den Anhängern der Staufer zählte. Nach dem Tod seines Vaters auf einem Kreuzzug in das Heilige Land übernahm Rudolf um 1240 die Herrschaft. Zu seiner wenig friedfertigen Territorialpolitik in den kommenden Jahren gegenüber Konkurrenten hielt ein unbekannter Colmarer Dominikaner fest: »Da nun Graf Rudolf […] sah, daß die ihm benachbarten Grafen große Reichtümer besaßen, […], begann er darauf zu denken, wie er zeitliche Schätze erwerben möchte. Da er aber auch wohl einsah, daß man große Dinge durch Bitten oder gerechtes Verfahren nicht auf einmal erreichen kann, so beschloß er bei sich, seine Nachbarn durch Kampf zu bedrängen.« Durch seine um 1253 geschlossene Ehe mit Gräfin Gertrud von Hohenberg konnte Rudolf dank des Heiratsgutes seiner Braut im Elsass den Besitzstand seines Hauses weiter abrunden. Aus dieser Ehe stammten neun erwachsen gewordene Kinder. Seine Verwandtschaft mit dem Kiburger Grafenhaus wusste der Habsburger ebenfalls zu nutzen, als die Familie seiner Mutter 1264 ausstarb. Es gelang ihm, sich langfristig den Hauptteil ihres Erbes zu sichern, wodurch er nun über die dominierende Territorialmacht im Südwesten des Reichs gebot.

Erst im Alter von 55 Jahren betrat er die Bühne der großen Politik. Graf Rudolf von Habsburg befand sich gerade in einer schweren Fehde mit Bischof Heinrich von Basel, als er im Feldlager vor Basel von der Nachricht überrascht wurde, dass seine Wahl zum König des Heiligen Römischen Reichs bevorstehe. Er schloss daraufhin rasch einen Waffenstillstand und brach nach Frankfurt am Main auf. Der Bischof kommentierte die unerwartete Wendung der Dinge angeblich mit dem Ausruf: »Bleibe fest sitzen, Herrgott, sonst wird Rudolf deinen Platz einnehmen.«

Am 1. Oktober 1273 wurde der Habsburger von allen Kurfürsten – mit Ausnahme des abwesenden Königs Ottokar II. von Böhmen – in Frankfurt zum römischen König gewählt und am 24. Oktober in der alten Krönungsstadt Aachen gekrönt. Für Rudolf sprachen offenbar sowohl seine territoriale Macht, sein persönliches Ansehen als auch seine Kriegserfahrung. Wegen der guten Beziehungen seiner Familie zu den Staufern war außerdem damit zu rechnen, dass er den starken Stauferanhang gleichermaßen auf seine Seite ziehen würde. Einzig Ottokar, der selbst auf die Krone gehofft hatte, war mit dieser Entscheidung nicht einverstanden. Der reiche und mächtige böhmische König sprach von ihm abschätzig als einem jener Leute, die »von der Last ihrer Armut elend bedrückt« würden und daher der kaiserlichen Würde und dem Reich Abbruch täten. Zwar gehörten Rudolf und sein Haus in der Tat nicht zur exklusiven Gruppe der Reichsfürsten, die seit dem späten 12. Jahrhundert einen in sich abgeschlossenen Stand innerhalb des Adels bildeten, doch er war kein »armer Graf«. Mit der Wahl Rudolfs hatte das Reich zum ersten Mal seit der Absetzung Kaiser Friedrichs II. 1245 und dem »Interregnum« seit 1256 wieder einen König, dessen Herrschaft von vornherein auf dem breiten Konsens der Fürsten und auf der Unterstützung der bedeutenden Städte am Rhein basierte.

König Rudolf I. sah sich in erster Linie mit der Herausforderung konfrontiert, das während des Interregnums entfremdete Reichsgut, die materielle Grundlage der Königsherrschaft, zurückzugewinnen und den Landfrieden im Reich wiederherzustellen. Diese wichtigen Maßnahmen bestimmten seine gesamte Regierungszeit. Rudolf führte die Revindikationen, die Rückforderung der entfremdeten Güter und Rechte, mit großem Geschick und

Besonnenheit durch, indem er die Reichsfürsten in seine Politik einbezog und sich bei unvermeidbaren Auseinandersetzungen ihres Beistands vergewisserte. Zusätzlich verstand er es, die weltlichen Kurfürsten und damit Königswähler durch eine zielgerichtete Heiratspolitik an sich und sein Haus zu binden. Dank der Ehen seiner Töchter entstand so ein weites Netz an Beziehungen.

Die erste Phase von Rudolfs Regierungszeit stand ganz im Zeichen der konfliktreichen Revindikationsforderungen gegenüber dem böhmischen König Ottokar. Der selbstbewusste Přemyslide weigerte sich nämlich hartnäckig, den Habsburger trotz erfolgter päpstlicher Approbation als König anzuerkennen und die österreichischen Länder, derer er sich während der kaiserlosen Zeit bemächtigt hatte, zurückzugeben. Nachdem die von Rudolf veranlassten reichsrechtlichen Schritte gegen Ottokar ergebnislos blieben, wurde 1276 eine militärische Konfrontation unausweichlich. Rudolf gelang es, den Kontrahenten zu isolieren. Darüber hinaus durch eine Revolte des österreichischen und böhmischen Adels geschwächt, musste Ottokar einlenken. In dem am 21. November 1276 in Wien geschlossenen Frieden verzichtete er auf die österreichischen Länder und nahm seine Stammlande Böhmen und Mähren vom römischen König zu Lehen. Eine geplante Doppelheirat zwischen den beiden Herrscherfamilien sollte den Frieden obendrein absichern.

Der stolze Böhmenkönig war nicht bereit, sich mit der demütigenden Situation abzufinden. In dem erneut ausgebrochenen Krieg führte die am 26. August 1278 ausgetragene Schlacht auf dem Marchfeld zur endgültigen Entscheidung. Zusammen mit seinem Verbündeten König Ladislaus IV. von Ungarn konnte Rudolf einen triumphalen Sieg für sich verbuchen. Einen Schatten auf diesen Erfolg warf allerdings Ottokars Tod, der auf der Flucht von persönlichen Feinden erschlagen wurde. Rudolf bewies danach politisches Augenmaß, da er Ottokars Sohn, Wenzel II., Böhmen und Mähren als Reichslehen überließ. Zur Bekräftigung des Friedens kam es zu der bereits früher geplanten Doppelhochzeit.

Rudolf nutzte die Verfügbarkeit über die österreichischen Länder, um sie auf seine Söhne zu übertragen und damit eine weitere habsburgische Machtbasis im Südosten des Reichs zu errichten. Nachdem er den Kurfürsten ihre Zustimmung dafür abgerungen hatte, belehnte er seine Söhne Albrecht und Rudolf im Dezember 1282 mit Österreich, der Steiermark, Krain und Kärnten und erhob sie dadurch in den Reichsfürstenstand. Mit diesem Belehnungsakt wurde die 650 Jahre dauernde Herrschaft des Hauses Habsburg in Österreich begründet. Kärnten wurde wenige Jahre später an Rudolfs wichtigsten Verbündeten, den Grafen Meinhard II. von Görz-Tirol, abgetreten.

Der Gedanke einer Kaiserkrönung beschäftigte Rudolf seit seiner Königswahl immer wieder. Zwar war mit der Kaiserkrone kein realer Machtzuwachs verbunden, doch sie verschaffte ihrem Träger einen hohen Prestigegewinn. Außerdem bot die Kaiserwürde die Möglichkeit, einen seiner Söhne noch zu seinen Lebzeiten zum König wählen zu lassen und somit seinem Haus die Thronfolge im Reich zu sichern. Bald nach Rudolfs Wahl zum König begannen erste Verhandlungen mit der Kurie über eine Kaiserkrönung. Letztendlich ließ sich das angestrebte Ziel aber trotz seiner Bemühungen gegenüber acht Päpsten nicht verwirklichen, obwohl sich der Habsburger stets konzessionsbereit gezeigt hatte und dreimal sogar ein definitiver Krönungstermin festgesetzt worden war. Neben finanziellen Schwierigkeiten und politischen Hinderungsgründen vereitelte der vorzeitige Tod mehrerer Päpste die Fortführung der Verhandlungen bzw. die Realisierung der geplanten Kaiserkrönung.

Einem seiner Söhne die Nachfolge im römisch-deutschen Reich auch ohne Kaiserkrone nach seinem Tod zu verschaffen, gelang Rudolf ungeachtet aller Versuche zeitlebens nicht. Dies entsprach im Übrigen nicht den Interessen der Kurfürsten. Sein zunächst von ihm als Thronkandidat vorgesehener Lieblingssohn Hartmann ertrank 1281 im Rhein. Sein ältester Sohn Albrecht stieß mit seinem energischen Auftreten als Herzog von Österreich und Steiermark vielerorts auf Ablehnung, sodass sich Rudolfs Bemühungen auf seinen jüngsten Sohn Rudolf richteten, der aber noch vor ihm im Mai 1290 starb.

In seiner Regierungszeit kam es zu einer abermaligen Festigung der Königsgewalt aufgrund seiner Landfriedenspolitik, der

Förderung der Städte und einer konzentrierteren Verwaltung der Reichsgüter. Wie schon bei den späten Staufern beschränkte sich Rudolfs reale Präsenz jedoch auf den Süden des Reichs. Sein volksnahes und bescheidenes Gebaren machte ihn insbesondere bei der einfachen Bevölkerung beliebt. Mit seinem nüchternen Herrschaftsstil konnte er allerdings nicht das sehnsuchtsvolle Bedürfnis weiter Kreise nach der glanzvollen Zeit der Stauferkaiser befriedigen. Seine Geldforderungen gegenüber den Reichsstädten, die nicht selten den herkömmlichen Rahmen sprengten, erregten häufig heftigen Widerstand, besonders im Rheinland. Diese Situation vermochte der als angeblicher Kaiser Friedrich II. agierende Tile Kolup, auch bekannt als Dietrich Holzschuh, zeitweise für sich zu nutzen, bevor er im Juli 1285 in Haft genommen und in Wetzlar als Ketzer verbrannt wurde.

Nach dem im Januar 1281 erfolgten Tod seiner ersten Ehefrau Gertrud, die sich seit der Krönung 1273 Anna nannte, ging der 66 Jahre alte Rudolf Ende Mai 1284 eine zweite Ehe mit der erst 14 Jahre alten Agnes (Isabelle) von Burgund ein. Auf diese Weise wollte er das Herzogtum Burgund enger an das Reich und vor allem an sein Haus binden. Diese Ehe eines ungleichen Paares, die kinderlos blieb, sorgte für reichlich Spott bei den Zeitgenossen.

Als Rudolf, der seit Längerem an Gicht litt, auf der Reise von Straßburg gen Norden sein Ende herannahen fühlte, entschied er sich dafür, mit seiner Begleitung nach Speyer zu reiten. Er wollte in jener Stadt sterben und bestattet werden, »wo mehr meiner Vorfahren sind, die auch Könige waren«. Kurz nach seiner Ankunft in Speyer starb er am 15. Juli 1291 und wurde wunschgemäß im dortigen Dom beigesetzt. Es entsprach seinem Herrschaftsverständnis, in der traditionsreichen salisch-staufischen Begräbnisstätte seine letzte Ruhe zu finden. Sein Grabdenkmal zeigt ihn mit Zepter und Reichsapfel. Es gilt als das erste lebensgetreue Porträt eines römisch-deutschen Königs. Sein Aussehen auf der Grabplatte stimmt mit der Beschreibung in der Chronik der Dominikaner von Colmar überein: »Er war ein Mann von großer Gestalt, er maß sieben Fuß, war hager, hatte einen kleinen Kopf, ein blasses Gesicht mit einer langen Nase und schütteres Haar.«

Rudolf IV., »der Stifter«

* 1339 in Wien
† 1365 in Mailand

Herzog von Österreich, Steiermark, Kärnten und Krain, Graf von Tirol

Unter den Habsburgern des 14. Jahrhunderts gilt der nur 26 Jahre alt gewordene, aber mit politischen Visionen ausgestattete Herzog Rudolf IV. als die interessanteste Persönlichkeit. Bereits mit seiner Geburt am 1. November 1339 sorgte der Prinz für Gesprächsstoff. Da die Ehe von Herzog Albrecht II. von Österreich mit Johanna von Pfirt 15 Jahre lang ohne lebensfähige Nachkommenschaft geblieben war, wollten einige Zeitgenossen nicht so recht an die Vaterschaft des an Händen und Beinen gelähmten Herzogs glauben. Albrecht II. ließ das Gerede von den Kirchenkanzeln als Lügen brandmarken. Zum Verstummen der Zweifler dürfte vor allem die Tatsache beigetragen haben, dass dem Herzogspaar nach Rudolf noch fünf weitere Kinder geboren wurden.

Zu Rudolfs Erziehungsprogramm gehörte offenbar der Erwerb von Schreibkenntnissen, was ihn zu einer Ausnahme unter seinen adeligen Standesgenossen werden ließ. Er konnte später als regierender Fürst seine Urkunden eigenhändig unterschreiben und Zusätze anfügen. Er erfand sogar eine Geheimschrift, von der sich Proben erhalten haben. Schon früh plante Herzog Albrecht II. die weitere Zukunft seines ältesten Sohnes, indem er für ihn eine Braut aus dem benachbarten mächtigen Fürstenhaus der Luxemburger zu erlangen suchte. Im Dezember 1344 gelang es ihm, eine Verlobung des erst fünfjährigen Rudolf mit der ebenfalls noch im Kleinkindalter befindlichen Luxemburgerin Katharina anzubahnen. Der Vater der Prinzessin war Markgraf Karl von Mähren, der wenige Jahre später als König von Böhmen zum römisch-deutschen König und Kaiser Karl IV. avancierte. Als

Rudolf zehn Jahre alt war, forderte Albrecht II. die Landherren seiner Herzogtümer auf, seinem Sohn zu huldigen. Nach der zu Ostern 1353 gefeierten Hochzeit mit Katharina begann Rudolf sowohl an der Seite seines Vaters als auch in der Begleitung seines Schwiegervaters politische und militärische Erfahrungen zu sammeln. Bald erfolgte die Übernahme erster Herrschaftsaufgaben. Seit dem Herbst 1357 verwaltete er die westlichen Besitzungen der Habsburger in Schwaben und im Elsass. Zur Stärkung seiner Stellung erhielt er von Karl IV. die Reichslandvogtei im Elsass übertragen.

Nach dem Tod seines Vaters am 20. Juli 1358 kehrte Rudolf IV. nach Wien zurück, um dessen Nachfolge anzutreten. Da seine jüngeren Brüder noch minderjährig waren, konnte er die Alleinherrschaft übernehmen. Drei Jahre vor seinem Ableben hatte Albrecht II. eine Erbregelung, die »Albertinische Hausordnung«, erlassen, in der festgelegt worden war, dass seine Söhne gemeinsam über Österreich, die Steiermark, Kärnten und Krain sowie den Stammbesitz in Schwaben und im Aargau regieren sollten. Auf diese Weise sollte eine Teilung der habsburgischen Hausmacht und damit eine Schwächung vermieden werden. Als Erstgeborenem fiel Rudolf eine besondere Rolle zu.

Während sein Vater ein auf Ausgleich bedachter Herrscher gewesen war, verfolgte der ehrgeizige junge Herzog das Ziel, Macht und Ansehen des Hauses Habsburg und seiner eigenen Person zu steigern. Zunächst genoss Rudolf noch die wohlwollende Förderung durch seinen Schwiegervater Karl IV., der für ihn einerseits ein Vorbild darstellte, andererseits von ihm als Rivale wahrgenommen wurde. Rudolf IV. strebte nach einem geschlossenen Herrschaftskomplex, der sich vom Oberrhein bis nach Ungarn und Italien erstrecken sollte. Schon 1358 trat er an Karl IV. mit dem Wunsch heran, ihn zum »König der Lombardei« zu ernennen, was nicht allein am Widerspruch der Kurfürsten scheiterte. Noch im selben Jahr proklamierte er für sich den Rang eines Generalstatthalters des Reichs in Schwaben und im Elsass, den er alsbald ebenso eigenmächtig zu einem Herzogstitel ausbaute. Dies zielte wohl auf eine Wiederherstellung des untergegangenen Herzogtums

Schwaben ab. Von der hohen Bestimmung seines Hauses und seiner fürstlichen Würde durchdrungen, beanspruchte Rudolf für sich und seine Dynastie einen königgleichen Rang innerhalb des Reichs und hegte keinerlei Bedenken, in der Verfolgung seines Vorhabens auf nicht ganz legale Mittel zurückzugreifen. Um die Sonderstellung Österreichs und seines Geschlechts zu begründen, ließ er über den Winter 1358/59 geschickt einen Komplex von insgesamt fünf Urkunden fälschen. Angeblich gingen die darin begründeten Vorrechte teilweise auf die antiken Herrscher Julius Caesar und Nero zurück. Das Herzstück unter den »Österreichischen Freiheitsbriefen«, das sogenannte *Privilegium maius*, erweiterte und verfälschte dadurch das 1156 von Kaiser Friedrich I. Barbarossa verliehene echte *Privilegium minus*. Den österreichischen Landesfürsten wurden nun eine fast unabhängige Stellung gegenüber dem Reich, der Titel eines Pfalzerzherzogs und königsgleiche Insignien zugesprochen. Um die Fälschung glaubwürdiger erscheinen zu lassen, wurde das kaiserliche Siegel des echten Dokuments an dem Falsifikat angebracht und das Original wohl vernichtet. Derartiger Urkundenfälschungen bediente man sich damals nicht selten, um Herrschaftsansprüchen einen legitimen Anstrich zu verleihen.

Als Kaiser Karl IV. die Schriftstücke zur Bestätigung vorgelegt wurden, betrachtete er diese als einen Forderungskatalog, den er nicht gänzlich zu akzeptieren bereit war. Der zur Begutachtung herangezogene italienische Frühhumanist Francesco Petrarca zeigte sich von den angeblich antiken Privilegien unbeeindruckt und entlarvte sie als Fälschungen. Er spottete, dass sie nicht von Caesar und Nero stammten, sondern von einem »unfähigen, lächerlichen Esel« verfasst seien. Der Kaiser verweigerte die Anerkennung jener Vorrechte, die für das Reich von Nachteil waren, während er jene genehmigte, die dem Königtum nicht abträglich waren. Zunächst gab sich Rudolf davon unberührt, verwendete weiterhin die angemaßten Titel und nutzte als äußeres Zeichen seiner gehobenen Stellung einen kronengleichen Erzherzogshut mit Zacken, Bügel und Kreuz. Zeitweise drohte ein vollständiger Bruch zwischen ihm und seinem Schwiegervater.

Der Kaiser entzog ihm 1360 die Reichslandvogtei im Elsass und nötigte ihn zum Verzicht auf die Titel Pfalzerzherzog und Herzog von Schwaben. Außerdem verlangte er, dass sich Rudolf »weder mit keiserlichen oder kuniglichen bogen crucze cronen sceptir swerte noch in andern sachen« schmücke. Erst 1453 erhielt das *Privilegium maius* seine reichsrechtliche Bestätigung durch den habsburgischen Kaiser Friedrich III. Der von Rudolf kreierte Titel eines Erzherzogs wurde ab dem 15. Jahrhundert zu gültigem Recht und bis 1918 zu einer habsburgischen Besonderheit.

Seine hochfliegenden politischen Ambitionen brachte Rudolf auch durch andere Unternehmungen zur Geltung. Ihm lag an einem Ausbau Wiens zu einer Residenzstadt von europäischem Rang. Er orientierte sich dabei an Prag, das unter Karl IV. zu einer beeindruckenden Metropole aufstieg. 1359 begann der Umbau der Wiener Pfarrkirche St. Stephan zu einer »Erzherzogskathedrale«. Wien zum Sitz eines österreichischen Landesbistums zu machen, dürfte dabei wohl Rudolfs eigentliches Ziel gewesen sein. 1365 setzte er immerhin die Aufwertung von St. Stephan zur Kollegiatskirche, zum »Dom«, durch. Nach Prager Vorbild begründete er im März 1365 die Wiener Universität. Mit der zweitältesten deutschen Universität schuf er die Voraussetzung für die Entfaltung von Wissenschaft und Kultur in den österreichischen Ländern. Auf diese Initiativen geht sein Beiname »der Stifter« zurück, der auf einer Inschrift in St. Stephan fußt.

»Aller Ruhm und alle Macht des Fürstentums beruhen im festbegründeten Glück der Untertanen«. Gemäß dieser Verlautbarung in einer seiner Urkunden setzte Rudolf IV. auf die Förderung von Handel und Wirtschaft in den Städten. In Wien hob er den Zunftzwang auf und schuf wirtschaftliche Anreize durch begrenzte Steuerfreiheiten. Mehr oder weniger ähnlich verfuhr er in anderen Städten. Gleichzeitig beschnitt er die Steuerprivilegien des Klerus, was ihm wenig freundliche Kommentare in den meist von Klerikern verfassten zeitgenössischen Chroniken einbrachte.

Während Rudolf IV. mit der Wiederherstellung eines Herzogtums Schwaben scheiterte, gelang ihm mit der Erwerbung der reichen Grafschaft Tirol ein für den späteren Aufstieg seines

Hauses entscheidender politischer Erfolg. Das Fundament hierfür hatte schon sein Vater mit seinen guten Kontakten zum Tiroler Hof gelegt. Nach dem frühen Tod des jungen Tiroler Landesfürsten Meinhard III. im Januar 1363 sicherte sich Rudolf rasch am 26. Januar die Übertragung des Landes durch Meinhards Mutter, der Regentin Margarethe »Maultasch«. Mit Tirol verfügte er über eine Landbrücke zwischen seinen östlichen und westlichen Territorien und eine Basis für die oberitalienischen Interessen seines Hauses. Trotz der Erbansprüche der Wittelsbacher und deren Widerstands erreichte er am 8. Februar 1364 die Belehnung mit allen Tiroler Reichslehen durch Kaiser Karl IV., mit dem er sich aussöhnte. Bei ihrer Zusammenkunft in Brünn kam es überdies zu einem habsburgisch-luxemburgischen Erbvertrag. Drei Jahre zuvor war es Rudolf bereits gelungen, einen Erbvertrag mit dem in Ungarn herrschenden Haus Anjou zu schließen. Auf diese Weise zeichnete sich in der vagen Form eines Denkmodells eine Vereinigung der österreichischen, böhmischen und ungarischen Länder ab. Weitsicht bewies Rudolf IV. auch mit dem im November 1364 mit seinen Brüdern Albrecht III. und Leopold III. geschlossenen Hausvertrag, der den Rang der Habsburger unter den Reichsfürsten stärken sollte. Der Vertrag legte die grundsätzliche Unteilbarkeit der Länder und die Gesamtregierung aller Brüder fest. Der Älteste sollte dabei »die obristen herschaft und den grözzisten gewalt« haben. Diese Regelung sollte nur 15 Jahre Bestand haben, da Rudolfs Brüder dann doch eine Teilung der Länder vornahmen.

Nach schweren Fieberanfällen starb Rudolf IV. überraschend und kinderlos am 27. Juli 1365 in Mailand. Er wurde in der von ihm gestifteten Herzogsgruft des Wiener Stephansdoms beigesetzt. Es passt zu dem rastlosen Habsburger, dass seine Gesichtszüge auf einem der frühesten überlieferten »modernen« Einzelbildnissen der europäischen Kunstgeschichte verewigt wurden. Das Porträt befindet sich heute im Wiener Dom- und Diözesanmuseum.

Friedrich III.

* 1415 in Innsbruck
† 1493 in Linz

Römisch-deutscher Kaiser

»Nun ist dem Kaiser und dem Reich zugleich ein Fuß abgesägt!« Mit diesem sarkastischen Kommentar soll Kaiser Friedrich III. auf die Amputation seines linken Unterschenkels reagiert haben. Der Monarch hatte an solchen altersbedingten Durchblutungsstörungen gelitten, dass sich sein linkes Bein bis zur Wadenmitte schwarz verfärbt hatte. Um eine weitere Vergiftung des Körpers abzuwenden, musste das faulende Glied entfernt werden. Am 8. Juni 1493 wurde die Operation bei vollem Bewusstsein des Patienten in Gegenwart des Hofs durchgeführt. Der Eingriff bereitete dem noch nicht ganz 78 Jahre alten Friedrich offenbar keine großen Schmerzen. Der Beinstumpf war bereits gut verheilt, als ihn am 19. August der Tod durch einen Schlaganfall ereilte.

Der für seine Zeit ungewöhnlich alt gewordene Friedrich III. war am 21. September 1415 als ältestes von neun Kindern des innerösterreichischen Herzogs Ernst des Eisernen und dessen Gemahlin Cimburgis von Masowien zur Welt gekommen. Die habsburgischen Länder waren damals dreigeteilt, wobei sein Vater über die Steiermark, Kärnten und Krain regierte. Friedrich, der früh seine Eltern verlor, erhielt eine solide Ausbildung nach den Vorstellungen seiner Zeit und war laut dem österreichischen Chronisten Jakob Unrest »der geschrifft gar wol gelert«. Erst im Mai 1435 gelang es Friedrich, sich der Vormundschaft seines Onkels, des Herzogs Friedrich IV. von Tirol, zu entziehen und seine selbständige Regierung als Herzog Friedrich V. in seinem angestammten Territorium anzutreten. Als vier Jahre später im Abstand von wenigen Monaten sowohl sein Onkel Friedrich IV.

als auch sein Verwandter König Albrecht II. starben, wurde der 24 Jahre alte Friedrich nicht nur das Oberhaupt des Gesamthauses Habsburg, sondern auch der Vormund der beiden unmündigen Söhne der Verstorbenen, des jungen Sigmund von Tirol und des nachgeborenen Ladislaus Postumus. Vor allem seine Vormundschaftsregierung für Ladislaus erwies sich als politisch schwierig, weil sie zwar in Albrechts Herzogtum Österreich von den Ständen widerwillig akzeptiert wurde, aber in den Königreichen Böhmen und Ungarn nicht anerkannt wurde, in denen Albrecht jeweils erst vor Kurzem den Königstitel erlangt hatte.

Im Februar 1440 trat Friedrich aufgrund der Wahl der Kurfürsten die Nachfolge Albrechts in der deutschen Königswürde an. Wegen der komplizierten Verhältnisse in Österreich konnte er erst 1442 zur Krönung nach Aachen reisen. Da er sich vorerst weiterhin mit Hausmachtproblemen befassen musste, kam König Friedrich III. danach für fast 30 Jahre nicht mehr ins Reich und regierte von seinen Erbländern aus. Wiener Neustadt wurde seine bevorzugte Residenzstadt, die er in jeder Hinsicht zu fördern trachtete. Die Stadt verdankte seiner Herrschaft daher eine Blütezeit, was sie ihm mit besonderer Loyalität lohnte.

Im Hinblick auf die Reichspolitik sah sich Friedrich III. in erster Linie als oberster Schiedsrichter und zog mit Vorliebe Prozesse an sich. Unter dem Einfluss seines Sekretärs Enea Silvio Piccolomini, des bedeutenden Humanisten und späteren Papsts Pius II., bewirkte er den Abschluss des Basler Konzils, das so mit dem Sieg der papalen Monarchie über den Konziliarismus endete. Außerdem schloss Friedrich III. 1448 im Namen der deutschen Nation mit Papst Nikolaus V. das Wiener Konkordat, das bis zum Ende der Reichskirche 1802/03 die Beziehungen zwischen der Kurie und dem Heiligen Römischen Reich regelte. Als Dank für die Beendigung des päpstlichen Schismas ermöglichte ihm das Kirchenoberhaupt 1452 die Kaiserkrönung in Rom. 1469 erreichte Friedrich die Bistumserhebungen von Wien und Wiener Neustadt. Zuletzt erfolgte 1485 auf seinen Wunsch hin die Heiligsprechung des babenbergischen Markgrafen Leopold III. von Österreich, wodurch das Haus Habsburg und das Herzogtum Österreich einen Familien- und Landesheiligen erhielten. In seiner Eigenschaft als Reichsoberhaupt bestätigte Friedrich III. außerdem den Erzherzogstitel und die österreichischen Privilegien Herzog Rudolfs IV. des Stifters, den er als Vorbild betrachtete.

Nachdem Friedrichs Vormundschaft über Sigmund von Tirol 1446 zu Ende gegangen war, verblieb bloß noch Ladislaus in seiner Obhut, wogegen vor allem die österreichischen Stände immer mehr opponierten. Aus Sorge, dass man Ladislaus in seiner Abwesenheit für volljährig erklären könnte, nahm Friedrich ihn mit auf seinen Romzug zur Kaiserkrönung. Seine Krönung am 19. März 1452, die einen der seltenen Triumphe in seinem Leben darstellte, sollte die letzte ihrer Art durch den Papst sein.

Drei Tage vor der Kaiserkrönung heiratete Friedrich in Rom die portugiesische Königstochter Eleonore, die 21 Jahre jünger als er selbst war. Papst Nikolaus V. vollzog die Trauung des Paares. Die Ehe zwischen der schönen, lebhaften und liebenswürdigen Infantin und dem verschlossenen und bedächtigen Habsburger entwickelte sich nicht besonders glücklich. Der Portugiesin fiel es schwer, sich an die vergleichsweise bescheidene Hofhaltung ihres Gatten zu gewöhnen. Von den fünf Kindern des Kaiserpaares überlebten nur der von Eleonore vergötterte Sohn Maximilian und Tochter Kunigunde das kritische Kleinkindalter. Nach Eleonores frühem Tod im September 1467 sollte Friedrich III. keine zweite Ehe mehr eingehen.

Während Friedrichs Abwesenheit hatten sich die rebellierenden Stände Ober- und Niederösterreichs mit den Reichsverwesern Ungarns und Böhmens zusammengeschlossen und belagerten den Kaiser bei seiner Rückkehr in Wiener Neustadt so lange, bis er gezwungen war, ihnen den zwölf Jahre alten Ladislaus zu übergeben und aus seiner Vormundschaft zu entlassen. Friedrichs Herrschaftsgrundlagen waren damit auf Innerösterreich beschränkt, was eine spärliche Machtbasis für einen Kaiser darstellte. Als Ladislaus im November 1457 unerwartet jung und kinderlos starb, fiel Österreich zwar an Friedrich III., aber mit Georg Podiebrad in Böhmen und Matthias Corvinus in Ungarn wurden nationale Kandidaten zu Nachfolgern von Ladislaus gewählt.

Für Friedrich verschärfte sich die Lage alsbald wieder. 1461 brach ein offener Kampf mit seinem Bruder Herzog Albrecht VI. wegen dessen Forderungen nach einem eigenen Herrschaftsbereich aus. Die kriegerischen Auseinandersetzungen dauerten mit Unterbrechungen bis 1463 und wirkten sich als schwere Belastung auf das Land aus, das am Ende ausgeplündert war. Hauptsächlich ihre vier Monate währende Belagerung im Jahr 1462 in der Wiener Burg durch die Wiener Bürgerschaft, die von Albrecht gegen Friedrich aufgewiegelt wurde, empfanden der Kaiser und seine Familie als große Demütigung. Bevor der Konflikt ein Jahr später erneut in einen Krieg eskalieren konnte, starb Albrecht VI. überraschend, sodass der Kaiser aus dem innerhabsburgischen Zwist unvermutet als Sieger hervorging und als unangefochtener Herr Österreichs dastand. Gleichwohl trat für ihn keine Ruhe ein, weil sich der ungarische Herrscher Matthias Corvinus zu einem gefährlichen Gegner entwickelte. 1477 und abermals ab 1482 führte Matthias Krieg gegen Friedrich, dem es nicht gelang, militärische Hilfe von den Reichsständen zu erlangen. Der Habsburger verlor die östlichen habsburgischen Territorien samt Wien und Wiener Neustadt an den Ungarn. Erst als der ohne legitime Erben verbliebene Corvinus 1490 plötzlich einem Schlaganfall erlag, fielen die habsburgischen Erblande wieder an Friedrich. Ein weiteres Mal war er durch den vorzeitigen Tod eines Widersachers aus einer kritischen Lage befreit worden.

Im Westen sah sich Friedrich mit dem Wunsch des burgundischen Herzogs Karl des Kühnen nach einer Königskrone konfrontiert. Die für seinen Sohn Maximilian im Gegenzug in Aussicht gestellte Heirat mit Karls Erbtochter Maria wurde erst 1477 nach dem Schlachtentod des Herzogs ohne kaiserliche Gegenleistung Realität. Sie schuf die Grundlage für die habsburgische Weltmacht, brachte aber einen mehrjährigen harten Kampf mit Frankreich um das burgundische Erbe mit sich. Gegen die vordringenden

Osmanen fand Friedrich allerdings keine effektive Abwehr. Im Reich drängten ihn die mit seiner Regierung unzufriedenen Fürsten zu einer Reichsreform in ihrem Sinne, wozu der Kaiser nicht zu bewegen war. Durch geschicktes Taktieren und diplomatisches Vorgehen verhinderte er die drohende Wahl eines Gegenkönigs und erwirkte 1486 die Wahl seines einzigen Sohnes Maximilian zum römischen König, wodurch er seine Nachfolge bereits zu Lebzeiten geregelt hatte. Der Sohn musste dem misstrauischen Vater freilich einen Eid schwören, die kaiserliche Regierungsgewalt nicht zu schmälern. 1490 setzte Friedrich bei seinem erbenlosen Cousin Sigmund von Tirol durch, dass dieser zugunsten Maximilians abdankte.

Als Herrscherpersönlichkeit genügte Friedrich III. oft nicht den Erwartungen seiner Zeitgenossen, die ihn daher nicht selten gering achteten, was vielfach auf die spätere Geschichtsschreibung abfärbte. Der fromme, ernste und eher phlegmatische Habsburger bevorzugte einen maßvollen Lebensstil, was wohl letztlich zu seinem hohen Lebensalter beitrug, aber in den damaligen Fürsten- und Adelskreisen nicht als löbliche Tugend angesehen wurde. Seine mitunter allzu große Sparsamkeit, die an Knausrigkeit grenzte, stieß hier auf Verständnislosigkeit. Auch die Jagd, das fürstliche Vergnügen par excellence, schätzte Friedrich nicht. Dass er es vorzog, im Wagen statt zu Pferd zu reisen, wurde als unmännlich betrachtet. Anders als viele seiner Standesgenossen beschäftigte er sich hingegen intensiv mit dem umfangreichen Schriftverkehr seiner Kanzlei. Dem Bild eines glanzvollen Fürsten entsprach der gerne als »Erzschlafmütze des Reichs« verspottete Kaiser somit nicht. Seine Vorliebe galt dem Gartenbau, edlen Steinen sowie der Astronomie und Astrologie. Vielleicht hängt sein berühmtes Vokalsymbol AEIOU, über dessen Deutung bis heute gerätselt wird und das viele seiner Besitztümer und Bauten kennzeichnet, mit seinem Interesse an Geheimwissenschaften zusammen. Zu den bekannteren Auslegungen gehören: ›*Austriae est imperare orbi universo*‹/›Alles Erdreich ist Österreich untertan‹ und ›*Austria erit in orbe ultima*‹/›Österreich wird bestehen bis ans Ende der

Welt‹. Bei seinem Tod konnte der oft verkannte Friedrich III., unter dem am Ende alle habsburgischen Länder wieder vereinigt waren, auf eine 53 Jahre dauernde Regierungszeit als Herrscher des Heiligen Römischen Reichs zurückblicken. Er wurde dadurch zu dem am längsten herrschenden König bzw. Kaiser des Reichs.

Residenzen und Schlösser

Die namengebende Stammburg der Habsburger, die Habichtsburg bzw. Habsburg im heutigen Schweizer Kanton Aargau, war um 1020/30 gegründet worden und bestand anfangs überwiegend aus Holzbauten. Als Herrschaftsmittelpunkt der Familie spielte die im letzten Drittel des 11. Jahrhunderts zu einer Doppelburg in Stein ausgebaute Anlage jedoch ab 1230 keine Rolle mehr, sondern wurde von Dienstadeligen der Habsburger als Wohnsitz genutzt. Sie war für das aufstrebende Grafengeschlecht zu klein geworden. Mit der Niederlage gegen die Schweizer Eidgenossenschaft ging den Habsburgern ihre Stammburg 1415 für immer verloren.

Eine Residenz im eigentlichen Sinn hatte die Dynastie erst seit ihrem Aufstieg zu Landesfürsten, weil sich nun Wohn-, Hof- und Regierungssitz miteinander verbanden. Als Herrscher des Heiligen Römischen Reichs kannte Rudolf I. noch keine feste Residenzstadt, sondern pflegte vielmehr das traditionelle Reisekönigtum mit der Herrschaftsausübung an verschiedenen Orten. Erst seit ihrer Belehnung mit Österreich im Jahr 1282 verfügten die Habsburger über eine Residenzstadt, da bereits die Babenberger Mitte des 12. Jahrhunderts Wien zu ihrem Hauptsitz bestimmt hatten. Diese Stadt blieb bis zum Ende der Monarchie 1918 eine der wichtigsten habsburgischen Residenzstädte. Dank der enormen Ausdehnung ihres Herrschaftsbereichs und der Linienteilungen besaßen die Habsburger im Verlauf der Jahrhunderte neben Wien eine Reihe weiterer Residenzstädte, die Wiens Vorrangstellung zeitweise infrage stellten. Prag, Graz, Innsbruck, Brüssel und Madrid kam dabei die größte Bedeutung zu.

Die Kernresidenz der Habsburger, die Wiener Hofburg, spiegelt den Wandel von der wehrhaften Burg zu einem Schloss wider. Der asymmetrische Gebäudekomplex, dessen mittelalterlicher Kern erhalten blieb, verdankt sein heutiges Aussehen ständigen Aus- und Umbauten seit dem 16. Jahrhundert. Jeder Kaiser trug zu einer Erweiterung der Anlage bei, indem er einen neuen Trakt oder Flügel anfügen ließ. Auf diese Weise bildete sich im Vergleich zum einheitlich gestalteten französischen Königsschloss Versailles ein Gebäudeensemble aus verschiedenen Epochen heraus, was nicht immer Anklang fand. So monierte etwa der bekannte Kupferstecher und Topograph Matthäus Merian d. Ä. 1649, dass die Wiener Hofburg »nicht sonders prächtig erbaut« und »für eine so grosse Hoffhaltung zimblich eng« sei. Gewachsene Tradition spielte für die Habsburger aber letztlich eine größere Rolle als Repräsentation. Trotz des Fehlens einer großartigen Schaufassade wurde ein Neubau selbst im baufreudigen Barockzeitalter nie ernsthaft in Betracht gezogen. Seit die Habsburger ab der zweiten Hälfte des 18. Jahrhunderts dank der wirtschaftlichen Geschicklichkeit Franz Stephans von Lothringen über ein stattliches Privatvermögen verfügten, lebten nicht mehr alle Familienmitglieder, deren Anzahl inzwischen stark angewachsen war, in der Hofburg, sondern erwarben oder erbauten für sich Stadtpalais. Der kolossalste Teil der Wiener Hofburg entstand kurz vor dem Ende der Monarchie im Zuge des Ausbaus des nicht in Gänze realisierten »Kaiserforums«: die Neue Hofburg.

Zum Wiener Residenzkomplex gehörten neben der Hofburg noch weitere Schlösser im Umland, die je nach Jahreszeit genutzt wurden. Ab dem 16. Jahrhundert ließen sich die Habsburger erste Landschlösser mit großzügigen Gartenanlagen errichten, deren Existenz bis zu den Siegen des Prinzen Eugen von Savoyen über die Türken und der damit einhergehenden Verdrängung der Türken aus Ungarn und Siebenbürgen immer wieder gefährdet war. In dem 1730 veröffentlichten Buch des Juristen und Reiseschriftstellers Johann Basilius Küchelbecker heißt es zu den habsburgischen Lust- und Jagdschlössern: »Zu dem Zeit-Vertreib des Kayserlichen Hofs kan man unter andern auch mit rechnen die Veränderung der Kayserlichen Residentz, denn zu Anfang des Frühlings, und zwar im April, begiebt sich der regierende Kayserliche Hof ordentlich nach dem Lust-Schloß Laxenburg, allwo derselbe biß zu Anfang des Sommers verbleibet, und sich mit der Reiger-Beitze [Reiherjagd] daselbst täglich divertiret. Von hier gehet derselbe in die, auf der Wieden bey Wien gelegene, Kayserliche Favorita, und verbleibet allda, biß zu Anfang des Herbst, da denn nebst der Hirsch-Pürsch und Scheiben-Schiessen, die Kayserliche Herrschafft noch auf verschiedene andere Art und Weise sich divertiret, und des angenehmen Sommers geniesset, biß dieselbe im October wiederum die Winter-Residentz in der Kayserlichen Burg beziehet, und den Winter hindurch daselbst verbleibet, binnen welcher Zeit dieselbe dennoch zuweilen auf die nechst gelegenen Oerter zu Jagden und Pürschen einige excursiones macht.«

Seit dem Regierungsantritt von Maria Theresia besaß Schloss Schönbrunn neben der Hofburg die größte Bedeutung und wurde als Sommerresidenz zum Mittelpunkt des höfischen und politischen Lebens. Aus dem einstigen Jagdschloss vor den Toren Wiens war nach mehreren Umbauten ein Rokokojuwel geworden, dem der Architekt Nikolaus Pacassi in der Mitte des 18. Jahrhunderts sein heutiges Aussehen verliehen hatte. Nach Maria Theresias Tod blieb das Schloss zunächst unbewohnt, doch zu Beginn des 19. Jahrhunderts wurde es wieder zur kaiserlichen Sommerresidenz. Unter Kaiser Franz Joseph erlebte es nochmals eine glanzvolle Epoche.

Erst seit dem frühen 17. Jahrhundert nahm Wien unbestritten den Rang als zentrale Residenz der österreichischen Habsburger ein, davor war zeitweise Prag ein ernsthafter Konkurrent. Als nämlich das Königreich Böhmen nach 1526 unter habsburgische Herrschaft kam, bot sich mit der an der Moldau liegenden Stadt eine reizvolle Alternative samt eindrucksvoller und traditionsreicher Burganlage an. Das Vordringen der Osmanen ließ zudem Wien, das 1529 erstmals von den Türken belagert wurde, unsicher erscheinen. Während seine Vorgänger zumindest zum Teil in der Prager Burg residierten, übersiedelte Kaiser Rudolf II. mit seinem Hof 1583 komplett nach Prag, wo der Hradschin eine Blütezeit erlebte. Danach gab es bis zum 19. Jahrhundert keine richtige habsburgische Hofhaltung mehr in Prag, das Wien nun seinen Platz als Kaiserresidenz nicht mehr streitig machen konnte. Im Gegensatz zu Prag spielte Budapest als Residenz der ungarischen

Könige für die Habsburger nie eine vergleichbare Rolle, weil es von 1540 bis 1686 osmanisch besetzt war. Erst ab 1792 diente die im Barockstil modernisierte Burg wieder als Residenz. Bis 1848 hielten hier habsburgische Palatine als Stellvertreter des ungarischen Königs Hof. Nach dem Ausgleich mit Ungarn von 1867 blieb Wien für Kaiser Franz Joseph trotzdem die unangefochtene Haupt- und Residenzstadt, obwohl ihm neben der Burg in Budapest noch das als Krönungsgeschenk vom ungarischen Staat angekaufte Barockschloss Gödöllő als weiterer Wohnsitz zur Verfügung stand.

Wie die österreichischen fanden auch die spanischen Habsburger, als sie 1506 die Herrschaft auf der Iberischen Halbinsel antraten, bereits Residenzorte aus früherer Zeit vor. Hierzu gehörten Toledo, Valladolid, Granada, Zaragoza, Segovia und Sevilla. Seit sich Philipp II. 1561 für das zentral gelegene Madrid als Hauptsitz entschied, nahm diese Stadt einen grandiosen Aufstieg. Der aus dem 9. Jahrhundert stammende dortige Alcázar – ein aus dem Arabischen entlehntes spanisches Wort für Burg – war schon von den Trastámara, den Vorgängern der Habsburger, ausgebaut worden. Die Habsburger passten diese einstige maurische Burg baulich immer wieder ihren Bedürfnissen an. Ein kompletter Neubau stand für sie nie zur Diskussion. Ähnlich wie in Wien beschränkte sich auch in Madrid die Residenz nicht auf ein einziges Gebäude. Neben dem Alcázar gab es weitere Schlösser – die Jagdschlösser Torre de la Parada und El Pardo sowie das von großartigen Gartenanlagen umgebene Sommerschloss in Aranjuez. Später kam noch der im Auftrag Philipps IV. errichtete Buen Retiro-Palast hinzu. Dieser königliche Sommersitz, der in der Nähe des Hieronymitenklosters San Jerónimo entstand, existiert heute nicht mehr, während die weitläufige Parkanlage erhalten blieb.

Eine Besonderheit bei den spanischen Habsburgern stellen die Klosterresidenzen dar, bei denen sich die Funktionen von Kloster und Herrscherpalast miteinander verbanden. Der eindrucksvollste Bau dieser Art ist El Escorial bei Madrid. Diese Klosterresidenz ließ sich Philipp II. von seinen Hofarchitekten Juan Bautista de Toledo und Juan de Herrera zwischen 1563 und 1584 errichten. Sie war nicht nur Palast, Verwaltungszentrum und Kloster in einem, sondern beinhaltete auch noch eine der größten Bibliotheken des damaligen Europa und die königliche Begräbnisstätte. Die österreichischen Habsburger besaßen keine vergleichbaren Klosterresidenzen, obwohl Karl VI. den Plan verfolgte, das nahe bei Wien liegende, altehrwürdige Stift Klosterneuburg zu einer Art österreichischem Escorial in gigantischen Ausmaßen auszubauen. Zwischen 1730 und 1741 wurde etwas mehr als ein Achtel der geplanten Anlage erstellt. Bald nach dem Tod des Kaisers wurden die Arbeiten daran eingestellt.

Das habsburgische Weltreich

Mit dem Regierungsantritt Maximilians I., des einzigen Sohnes Kaiser Friedrichs III., ging 1493 das Zeitalter der Linientrennungen im Haus Habsburg vorläufig zu Ende. Maximilian konnte alle habsburgischen Besitzungen in seiner Hand vereinigen. Durch seine 1477 geschlossene Ehe mit der Alleinerbin Maria von Burgund gelang es den Habsburgern, im Westen Europas territorial Fuß zu fassen. Das reiche burgundische Erbe rief allerdings die Feindschaft Frankreichs hervor, das sich durch diesen habsburgischen Machtzuwachs bedroht fühlte. Bis ins 18. Jahrhundert hinein wurde daher die europäische Politik ganz wesentlich von dem spannungsreichen Gegensatz zwischen den Habsburgern und der französischen Krone bestimmt.

Obwohl aus politischem Kalkül eingegangen, verlief die Ehe von Maximilian und Maria überaus glücklich. Das Paar bekam den Sohn Philipp, den künftigen Erben von Burgund, und die Tochter Margarete. Nach Marias frühem Tod 1482 wendete sich die Situation für Maximilian in Burgund zum Schlechteren, weil er neben den französischen Feindseligkeiten als Landfremder auch auf Widerstand bei den einheimischen Eliten stieß. Abgesehen vom Herzogtum Burgund und einigen weiteren Gebieten, die an den französischen König abgetreten werden mussten, konnte Maximilian 1493 im Frieden von Senlis den größeren Teil der burgundischen Territorien behaupten.

Maximilian, der noch zu Lebzeiten seines Vaters zum römisch-deutschen König gewählt worden war, folgte ihm in der Kaiserwürde nach. Da die politischen Konstellationen seine Krönung in Rom verhinderten, nahm er 1508 den Titel »Erwählter Römischer Kaiser« an. Als ein begnadeter Selbstdarsteller, der geschickt sämtliche verfügbare Medien seiner Zeit zu gebrauchen wusste, sorgte Maximilian I. für die Verbreitung seines Ruhms, aber behielt desgleichen stets eine wirkungsvolle Inszenierung seines Hauses im Auge. Sein kämpferisch veranlagter Charakter ließ ihn zahlreiche Kriege führen. Er bediente sich dabei Söldnertruppen, der Landsknechte, die die Ritterheere des Mittelalters von den Schlachtfeldern verdrängten. Maximilian entwickelte die Kampf- und Einsatztaktik der Landsknechte erfolgreich weiter. Dennoch sollten sich die von ihm angebahnten politischen Heiraten für seine Kinder und Enkel und die hiermit verbundenen Erbverträge als dauerhafter und zukunftsträchtiger für das Haus Habsburg erweisen als seine ganzen militärischen und politischen Aktivitäten. Maximilian setzte damit die bewährte Heiratspolitik seiner Familie fort und erweiterte deren Herrschaftsgebiet auf diese Weise außerordentlich. Auf den spektakulären Ergebnissen dieser Eheverbindungen fußt das Klischee, die Dynastie hätte ihr Reich ihrer wohldurchdachten Heiratspolitik zu verdanken. Letztendlich führte hierbei aber der Zufall Regie, weil beim Abschluss der Heirats- und Erbverträge nicht vorauszusehen war, dass der reiche Territorialbesitz des spanischen Königshauses und der Jagiellonen in Böhmen und Ungarn an die Habsburger fallen würde. Genauso gut hätte auch der umgekehrte Sachverhalt eintreten können. Außerdem darf nicht vergessen werden, dass viele andere Heiraten der Habsburger ohne politische Folgen verblieben.

Die 1496/97 gefeierte Heirat der Kinder Maximilians I., Philipps des Schönen und Margaretes, mit Johanna und Johann, den Kindern der katholischen Könige Ferdinand von Aragón und Isabella von Kastilien, erlangte eine welthistorische Bedeutung, die der Kaiser in diesen Dimensionen nicht hatte absehen können. Für ihn bildete sie in erster Linie eine wichtige Verstärkung gegenüber Frankreich, mit dem beide Dynastien verfeindet waren. Die zwei dadurch angebahnten Ehen waren von kurzer Dauer. Sowohl der Infant Johann von Aragón und Kastilien als auch Philipp der Schöne starben jung. Während Johanns sechsmonatige Ehe kinderlos blieb, stammten aus Philipps Verbindung mit Johanna »der Wahnsinnigen« mehrere Nachkommen. Erst durch eine Reihe weiterer unerwarteter Todesfälle im Haus Trastámara gelangten die Habsburger mit Hilfe dieses Heiratsbündnisses an die Spitze des seit 1469 politisch weitgehend vereinigten Königreichs

Spanien, seiner Nebenländer und Überseebesitzungen, wodurch ein mächtiges Imperium entstehen sollte.

Als Philipp der Schöne 1506 überraschend starb, erbte sein ältester Sohn Karl seine burgundischen Länder. Der Thronfolger war zudem neben seiner Mutter in Spanien erbberechtigt. Maximilian I. sorgte dafür, dass diese Anwartschaft seines Enkels trotz vielfacher Widerstände aufrechterhalten blieb. In den Niederlanden führte für den noch unmündigen Karl seine Tante Margarete, an deren Hof der junge Erzherzog aufwuchs, die Regentschaft. Auf Drängen des burgundischen Adels wurde Karl 1515 für volljährig erklärt und konnte die Regierung selbst übernehmen. Als ein Jahr später sein Großvater mütterlicherseits, König Ferdinand von Aragón, starb, reiste Karl nach Spanien, um sich die Regierungsgewalt zu sichern. In zähen Verhandlungen gelang es, dass die dortigen Ständeversammlungen seine Herrschaft anstelle seiner Mutter Johanna anerkannten, die als regierungsunfähig galt. Nach dem 1519 erfolgten Tod seines Großvaters väterlicherseits, Kaiser Maximilians I., war Karl entschlossen, dessen Nachfolge als König und Kaiser des Heiligen Römischen Reichs anzustreben, um so eine universale Monarchie zu schaffen. Als ihn die Kurfürsten auch dank der Unterstützung durch die finanzkräftige Augsburger Bankiers- und Kaufmannsfamilie Fugger im Juni 1519 als Karl V. zum römisch-deutschen König wählten und ihm der Papst den Titel eines »Erwählten Römischen Kaisers« gewährte, stieg er zu einem der mächtigsten Herrscher der europäischen Geschichte auf und war Kaiser des ersten nachantiken Weltreichs.

In Kaiser Maximilians I. dynastischer Heiratspolitik hatten seine Enkelkinder als wohlüberlegt eingesetzte Schachfiguren gleichfalls eine wichtige Rolle gespielt. Die Heirats- und Erbabsprache mit dem jagiellonischen Herrschergeschlecht sollte sich schon bald als ähnlich bedeutsam für das weitere Geschick des Hauses Habsburg erweisen wie jene mit der Trastámara-Dynastie in Spanien. Wiederum wurde eine Doppelhochzeit ins Auge gefasst: Zwei Enkelkinder des Kaisers sollten mit dem Geschwisterpaar Anna und Ludwig II., den Kindern von König Wladislaw II. von Ungarn und Böhmen, vermählt werden. 1515 fand diese folgenreiche

Doppelhochzeit im Wiener Stephansdom statt. Maximilian I. heiratete bei dieser Gelegenheit stellvertretend für einen seiner Enkelsöhne – es stand noch nicht fest, ob Karl oder Ferdinand der spätere Ehemann werden sollte – die 12-jährige Prinzessin Anna von Ungarn, die schließlich 1521 die Gemahlin Ferdinands wurde. Maximilians Enkelin Maria wurde hingegen mit Ludwig II. vermählt, dem zukünftigen böhmisch-ungarischen König und letzten Jagiellonen. Nach Ludwigs Tod im Kampf gegen die Osmanen 1526 fielen die Königreiche Böhmen und Ungarn mit ihren Nebenländern gemäß den Erbabsprachen an Ferdinand I., den Gatten von Ludwigs Schwester Anna. Die Erwerbungen erwiesen sich für ihn in beiden Fällen als nicht ganz unkompliziert, da die dortigen Stände jeweils auf ihrem Wahlrecht bestanden. Während sich Ferdinand in Böhmen relativ rasch nach harten, aber erfolgreichen Verhandlungen durchsetzen konnte, kam es in Ungarn zu einer militärischen Auseinandersetzung, die mit einer Dreiteilung des Königreichs endete. Ferdinand behauptete für sich und sein Haus lediglich einen schmalen Streifen im Westen. Die Osmanen und ihre Vasallen erhielten indessen den Großteil Ungarns. Für fast zwei Jahrhunderte waren die Habsburger seitdem in einem immer wieder ausbrechenden Abwehrkampf gegen die Türken in Südosteuropa verstrickt. Erst am Ende des 17. Jahrhunderts gelang es ihnen, das gesamte alte Ungarn für sich zu erobern. Nichtsdestotrotz legte Ferdinands Heirat mit der Jagiellonenprinzessin Anna die Grundlage für den Aufstieg der österreichischen Habsburger zu einer europäischen Großmacht und zur Habsburgermonarchie, deren Hauptbestandteile bis 1918 Österreich, Böhmen und Ungarn bildeten.

Bereits 1521/22 hatte sich Karl V. mit seinem jüngeren Bruder Ferdinand darauf geeinigt, ihm den zentraleuropäischen Stammbesitz der Habsburger zu überlassen. Laut dem damals geltenden habsburgischen Hausrecht waren nämlich alle Söhne erbberechtigt. Ferdinand bekam somit Nieder- und Oberösterreich, die Steiermark, Kärnten, Krain sowie Tirol mit den habsburgischen Vorlanden. Diese Aufteilung des Länderbesitzes nahm die spätere Teilung der Dynastie in eine spanische und eine österreichische

Linie vorweg. Außerdem übertrug Karl dem Bruder für die Zeit seiner Abwesenheit die Statthalterschaft im Reich. Nach Karls Kaiserkrönung in Bologna wählten die Kurfürsten Erzherzog Ferdinand 1531 zum römisch-deutschen König.

Karls Traum von einer Universalmonarchie und einer habsburgischen Vormachtstellung in Europa stieß bald an ihre Grenzen. Gleich zu Beginn seiner Regentschaft wurde der junge Kaiser mit der Reformation konfrontiert. Auf dem Wormser Reichstag von 1521 lehnte es der Reformator Martin Luther ab, seine »ketzerischen« Ansichten zu widerrufen. Karls Versuche, die Glaubenseinheit um jeden Preis wiederherzustellen, scheiterten schlussendlich. Die von ihm auch mit militärischen Mitteln ausgefochtene Konfessionsfrage endete 1555 mit dem Augsburger Religionsfrieden und der endgültigen reichsrechtlichen Anerkennung des lutherischen Bekenntnisses. Die jeweiligen Obrigkeiten im Reich bestimmten fortan über die Religion ihrer Untertanen. Damit war die Glaubensspaltung unumkehrbar geworden und die Idee Karls V., eine weltumspannende katholische Universalmonarchie zu errichten, in unerreichbare Ferne gerückt. Wegen der sich beinahe über seine ganze Regierungszeit erstreckenden kriegerischen Auseinandersetzungen mit Frankreich, das sich von der habsburgischen Macht territorial umklammert sah, war der Kaiser schon in den Jahrzehnten davor gezwungen gewesen, immer wieder Zugeständnisse an die evangelisch gesinnten Reichsstände zu machen, da er dringend deren Hilfe und Unterstützung benötigte. Der Augsburger Religionsfriede war vor allem das Werk von Karls pragmatischer eingestelltem Bruder Ferdinand I., der einen Politikwechsel vollzog. Ihm hatte der Kaiser nach 1552 resigniert die Regelung der Religionsfrage, aber auch die Reichsregierung weitgehend überlassen. Die Anerkennung der zweiten Konfession auf dem Augsburger Reichstag 1555 verstand Karl V. als Aufkündigung seines Herrschaftsverständnisses von der Heiligkeit des Reichs. Dies bewog ihn dazu abzudanken. 1558 wurde Ferdinand I. von den Kurfürsten zum Kaiser proklamiert.

Maximilian I.

* 1459 in Wiener Neustadt
† 1519 in Wels

Römisch-deutscher Kaiser

Bis heute gehört der am 22. März 1459 geborene Maximilian I. nicht nur zu den populärsten habsburgischen Herrschern, sondern auch zu den bekanntesten Kaisern des Heiligen Römischen Reichs überhaupt. Besonders lebendig ist sein Andenken in Innsbruck, seiner bevorzugten Residenz, und in Tirol geblieben, die während seiner Regentschaft eine Blütezeit erlebten. Kaum ein anderer Fürst in der Umbruchszeit zwischen Mittelalter und Renaissance hat es in ähnlicher Weise wie er verstanden, sich dank eines virtuos betriebenen Personenkults seinen Ruhm vor der Mit- und Nachwelt zu sichern. Maximilian nutzte alle ihm zur Verfügung stehenden Medien, um sich zum »letzten Ritter« zu stilisieren. Auf den Wert der Eigenwerbung wies er selbst in seinem Buch *Weißkunig* hin: »Wer ime in seinem leben kain gedachtnus macht, der hat nach seinem tod kain gedächtnus, und desselben menschen wird mit dem glockendon vergessen, und darumb so wird das gelt, so ich auf die gedechtnus ausgib, nit verloren«. Um seine »Memoria«, aber auch die seines Hauses zu gewährleisten, bediente sich Maximilian angesehener Künstler wie Albrecht Dürer, Albrecht Altdorfer und Hans Burgkmair d. Ä. sowie namhafter Humanisten wie Willibald Pirckheimer und Konrad Peutinger. Seine Öffentlichkeitsarbeit umfasste neben den autobiografischen Werken *Weißkunig*, *Theuerdank* und *Freydal*, an denen er persönlich beteiligt war, eine bis auf den trojanischen Königssohn Hektor zurückgehende Genealogie seines Hauses und aufwendige propagandistische Druckwerke wie die vielteiligen Holzschnittserien *Triumphzug* und *Ehrenpforte*. Sein Bildnis mit den markanten Gesichtszügen samt Hakennase ließ Maximilian mithilfe von Gemälden, Skulpturen, Grafiken, Münzen und Medaillen verbreiten. Sein größtes Kunstprojekt stellt sein monumentales, aber leeres Grabdenkmal dar, dessen Fertigstellung seinen Enkeln und Urenkeln vorbehalten blieb. Als Standort wurde die eigens dafür erbaute Hofkirche in Innsbruck bestimmt.

Maximilian I. war der einzige überlebende Sohn Kaiser Friedrichs III. und der Infantin Eleonore von Portugal. Bereits als Kleinkind wurde er Zeuge, wie die Feindseligkeiten innerhalb seiner Dynastie 1462 eskalierten und zu einer mehrwöchigen Belagerung der Hofburg durch die Wiener Bürgerschaft führten, die mit seinem Onkel Herzog Albrecht VI. sympathisierte. Der Dreijährige litt dabei wie alle Eingeschlossenen unter Hunger. Zwar wurde Maximilian von Kindesbeinen an auf seine zukünftige Rolle als Regent vorbereitet, doch seiner breit angelegten Erziehung fehlte es an wirklichem Tiefgang. Schon früh zeigte er beachtliches Talent in höfisch-ritterlichen Belangen wie Tanz, Turnier und Jagd. Auch handwerklich erwies er sich als geschickt.

Im Laufe seines Herrscherlebens war Maximilian in 27 Kriege verstrickt, was offenbar seinem Ideal eines kriegerischen Königs entsprach. Die ersten großen Auseinandersetzungen begannen mit seiner im August 1477 in Gent gefeierten Heirat mit Maria von Burgund, der von vielen Seiten umworbenen Erbtochter Herzog Karls des Kühnen, der wenige Monate zuvor in der Schlacht von Nancy gefallen war. Den Habsburgern bot das wirtschaftlich und kulturell hochentwickelte burgundische Herzogtum die Chance, sich in Westeuropa zu etablieren. Wenngleich es sich ursprünglich um eine bloß aus politischen Motiven angebahnte Verbindung handelte, war es für Maximilian und Maria Liebe auf den ersten Blick. In einem Brief vom Dezember 1477 pries der junge Ehemann seine Gattin als ein »schöns, froms, tugendhafftigs weib«. Der in einem kargeren Umfeld aufgewachsene Maximilian genoss das kultivierte und luxuriöse Ambiente des burgundischen Hofs. Aus der glücklichen Ehe stammten zwei überlebende Kinder, Philipp der Schöne, mit dem die Erbfolge in Burgund gesichert war, und Margarete. Weil das burgundische Erbe für das französische Königtum ebenfalls von Bedeutung war, wurde um seinen Besitz nicht nur ein mehrjähriger Krieg geführt, sondern es begründete auch die jahrhundertelange »Erbfeindschaft« zwischen den beiden großen Monarchien, die die europäische Geschichte prägte. Maximilians Herrschaft über die burgundischen Länder wurde immer wieder auch durch Widerstände und Revolten im Inneren bedroht, vor allem nach dem frühen Tod seiner Ehefrau, die 1482 an inneren Verletzungen nach einem Reitunfall starb. Als Landfremdem, der noch dazu ständig unter Geldmangel litt, waren seiner Durchsetzungskraft enge Grenzen gesetzt. Zwar verlor er letztlich das namengebende Herzogtum und einige weitere Gebiete an Frankreich, doch Maximilian konnte die Herrschaft über die burgundischen Niederlande, das Artois und die Freigrafschaft Burgund behaupten.

Nach dem Tod seines Vaters, Kaiser Friedrichs III., im Jahr 1493 konnte ihm Maximilian I., der schon 1486 zum römischen König gewählt worden war, als Kaiser im Heiligen Römischen Reich nachfolgen. Seine Kriege wie auch die politische Situation in Italien, wo Frankreich seit 1494 als sein mächtigster Rivale auftrat und fast der ganze norditalienische Raum zu seinen Feinden zählte, verhinderten einen Zug nach Rom zur Kaiserkrönung gemäß mittelalterlicher Tradition. 1508 ließ sich Maximilian schließlich mit Zustimmung von Papst Julius II. in Trient zum »Erwählten Römischen Kaiser« ausrufen. Seitdem nahmen alle römisch-deutschen Könige diesen Titel im Anschluss an ihre Wahl an und verzichteten mit Ausnahme von Karl V. auf eine Krönung durch den Papst.

Verknüpft mit dem mittelalterlichen Ideal des Kaiseramtes war die Rolle des Beschützers der Christenheit. Maximilian sah sich durch die rasche Ausbreitung des Osmanischen Reichs in Südosteuropa herausgefordert und liebäugelte mit der Idee eines Kreuzzugs, was aber ein lebenslanger Traum blieb. Ebenfalls eine Utopie blieben seine Gedankenspiele von 1511, als er erwog, die Kaiser- und die Papstwürde in seiner Person zu vereinen.

Während Maximilian I. die Erinnerung an seine geliebte erste Ehefrau immerfort lebendig erhielt, brachte er seiner zweiten Gattin Bianca Maria Sforza bloß geringe Wertschätzung entgegen. Bei seiner 1493 geschlossenen Ehe mit der Nichte des Mailänder

Herzogs Ludovico Maria Sforza, genannt »il Moro«, hatte für den stets unter finanziellen Engpässen leidenden Herrscher allein die enorm hohe Mitgift der Braut in Höhe von 400 000 Gulden eine Rolle gespielt. Mit diesem Geld konnte er den Großteil seiner militärischen Unternehmungen von 1493/94 bezahlen. Schon nach kurzer Ehe störte er sich daran, dass die schöne Bianca Maria im Vergleich zu Maria von Burgund seiner Ansicht nach nur einen »höchst mittelmäßigen Verstand« besaß. Maximilians zweite Ehe blieb kinderlos, wodurch sie für ihn jegliche Bedeutung einbüßte. Zudem hatte der Onkel seiner Ehefrau seit dem Verlust seines Herzogtums keinerlei politischen Wert mehr für ihn. Seitdem sah sich die 1510 verstorbene Bianca Maria völlig vernachlässigt. Aus außerehelichen Beziehungen Maximilians stammten etwa 30 illegitime Kinder.

Die dauerhaftesten und größten Erfolge erzielte Maximilian nicht durch Kriege, sondern durch eine planvolle Heiratspolitik, deren eindrucksvolle Ergebnisse jedoch vielfach dem Zufall geschuldet waren. Durch die Vermählung seines Sohnes Philipp mit Johanna von Kastilien und Aragón 1496 wurden Spanien, Süditalien und ein gewaltiges Kolonialreich habsburgisch, da Johannas einziger Bruder jung und kinderlos starb. Dank der Wiener Doppelhochzeit von 1515, als Maximilian stellvertretend für einen seiner Enkel die Jagiellonenprinzessin Anna, die Tochter von König Wladislaw II. von Ungarn und Böhmen, heiratete und seine Enkelin Maria den einzigen Sohn von Wladislaw, Ludwig, wurden Erbansprüche auf Böhmen und Ungarn im Falle des Aussterbens der jagiellonischen Dynastie erworben. Mit dem Tod des kinderlosen Königs Ludwig II. von Ungarn und Böhmen 1526 in der Schlacht von Mohács trat der Erbfall unerwartet bald ein. Maximilian I., unter dem der Aufstieg der Habsburger zur Weltmacht begonnen hatte, erlebte allerdings die bedeutsamen Folgen der von ihm gestifteten Ehen nicht mehr.

So sehr sein »Ritterkult« und seine Ritterideale auf mittelalterlichen Traditionen fußten, so sehr zeigte sich Maximilian gleichzeitig aufgeschlossen gegenüber Neuerungen. Mit seinem Vorhaben, die Verwaltung des Reichs und seiner Länder nach westlichen

Vorbildern zu modernisieren und vor allem zu zentralisieren, stieß er im Reich auf Widerstand. Die Reichsstände pochten auf ihre Mitregierung und waren an einer Stärkung der kaiserlichen Autorität nicht interessiert. Da er immer wieder ihre finanzielle und militärische Hilfe benötigte, war er zu Kompromissen gezwungen. Trotzdem setzte er mit der Schaffung der Reichskreise eine neue Verwaltungsebene durch, die u. a. für erhebliche Verbesserungen auf dem Finanz- und Justizsektor sorgte. Der 1495 erreichte »Ewige Landfriede«, der endgültig das Verbot der Fehde brachte, und die Gründung des Reichskammergerichts sind Verdienste Maximilians. Im Verlauf der Auseinandersetzungen um die Reichsreform kam es aber zur Loslösung der schweizerischen Eidgenossenschaft vom Reich. In den Erblanden glückte es Maximilian, eine landesfürstliche Verwaltung einzuführen, die die Länder in die oberösterreichischen und die niederösterreichischen Lande einteilte. Die von ihm geschaffene Behördenorganisation hatte im Wesentlichen bis zu den Reformen des maria-theresianischen Zeitalters Bestand.

Am Ende seiner Regierungszeit hatte Maximilian I. durch seine zahllosen Kriege, seine prachtvolle Hofhaltung und seinen Hang zur Gigantomanie Schulden in Höhe von rund fünf Millionen Gulden angehäuft, was etwa dem 20-fachen des Jahreseinkommens aus seinen Erblanden entsprach. Er war dadurch politisch so gut wie handlungsunfähig. Dass sich sein Leben dem Ende zuneigte, spürte er selbst. In seiner Abschiedsrede auf dem Augsburger Reichstag im August 1518 sprach er davon, dass er »numals vermudet und eralten« sei. Er hatte schon vor längerer Zeit Vorkehrungen für sein Ableben getroffen. So führte er stets den eigenen Sarg im Tross mit sich. Außerdem hatte er angeordnet, dass er nach seinem Tod als einfacher Büßer behandelt werden wollte: Sein Leichnam sollte gegeißelt, das Haar geschoren und die Zähne ausgebrochen werden. Auf eine Einbalsamierung sollte verzichtet werden. Als er Ende 1518 in Wels Station machte, erkrankte er so schwer, dass an eine Fortsetzung der Reise nicht mehr zu denken war. Maximilian I. starb am 12. Januar 1519. Seinem Wunsch gemäß wurde er in der Burgkapelle von Wiener Neustadt beigesetzt.

Margarete

* 1480 in Brüssel
† 1530 in Mecheln

Generalstatthalterin der Niederlande

Margarete, die als erste Habsburgerin in den Niederlanden als Generalstatthalterin fungierte, war die einzige Tochter von Kaiser Maximilian I. und seiner ersten Ehefrau Maria von Burgund. Im Alter von zwei Jahren verlor das am 10. Januar 1480 geborene Mädchen seine Mutter, die an den Folgen eines Reitunfalls starb. Frühzeitig wurde sie zu einer politischen Schachfigur, als der 1482 von den niederländischen Ständen mit Frankreich abgeschlossene Friedensvertrag von Arras bestimmte, dass die Erzherzogin den künftigen französischen König Karl VIII. heiraten sollte. Gegen den Willen Maximilians wurde seine erst dreijährige Tochter im Frühjahr 1483 an den französischen Hof verbracht, wo sie auf ihre zukünftige Rolle als Königin vorbereitet werden sollte. Die politisch versierte Anna von Beaujeu, die ab August 1483 die Regentschaft für ihren noch unmündigen Bruder Karl VIII. führte, überwachte sorgfältig die Erziehung der kleinen Habsburgerin und wurde zu Margaretes Vorbild. Zwar war es bereits im Juli 1483 zu einer vorläufigen Eheschließung zwischen Margarete und dem Dauphin gekommen, doch aus politischen Gründen zog es Karl VIII. im Dezember 1491 vor, stattdessen die Erbin Anna von Bretagne zu heiraten. Die in ihrem Stolz schwer gekränkte Margarete kehrte im Juni 1493 in die Niederlande zurück.

1495 gelang es Maximilian I., für seine Dynastie eine politisch vielversprechende Heiratsverbindung mit Spanien zu arrangieren. Beide Vertragsseiten versprachen sich davon eine Eindämmung des französischen Expansionsdranges in Italien, als sich Maximilian mit dem Königspaar Ferdinand II. von Aragón und Isabella I.

von Kastilien auf eine Doppelhochzeit für ihre Kinder einigte. Während Maximilians Sohn Philipp der Schöne mit der Infantin Johanna vermählt wurde, heiratete Margarete im Gegenzug am 3. April 1497 in Burgos den spanischen Thronfolger Johann. Freudig konnte sie ihrem Vater über ihre Ehe mitteilen: »Mein Gemahl ist edel und von so minniglichem Wesen, daß ich bald aller Ängste ledig wurde. Ich habe in diesen Tagen ein großes Wunder erlebt und weiß nun, wieviel Lieblichkeit in dem Wort ›Minne‹ verborgen liegt.« Dem anfänglichen Glück des jungen Paares war keine Dauer beschieden, da der zarte Infant schon wenige Monate nach der Eheschließung im Oktober verstarb und Margarete kurz darauf eine Totgeburt hatte. Obwohl sie ihrer Schwiegermutter, Königin Isabella, lehrreiche Einblicke in eine erfolgreiche Führung der Staatsgeschäfte verdankte, sehnte sich Margarete nach einer Rückkehr in die vertrauten Niederlande, wie sie Maximilian schrieb: »Nun bitte ich meinen gnädigen Vater, mir zu erlauben, daß ich Spanien verlassen darf. Ich möchte heim, und in Eure liebe Nähe, und dabei Trost finden.« Dies war jedoch erst möglich, nachdem die langwierigen Verhandlungen wegen ihrer Witwenversorgung und ihrer Mitgift abgeschlossen waren. Im März 1500 traf die junge Witwe in Gent ein.

Ihr Vater und ihr Bruder Philipp hatten bereits einen neuen Ehemann für Margarete ins Auge gefasst. Aufgrund der militärisch-strategisch bedeutsamen Lage des Herzogtums Savoyen zwischen Frankreich und den habsburgischen Territorien erschien ihnen eine Heirat der Kaisertochter mit dem dort regierenden Herzog Philibert II. wünschenswert. Am 3. Dezember 1501 fand Margaretes Vermählung mit dem gleichaltrigen Herzog in Romainmôtier statt. In Savoyen konnte sie erstmals ihr politisches Geschick unter Beweis stellen. Sie brachte es nicht nur fertig, den intriganten Halbbruder ihres Gatten, den Grafen René von Villars-en-Bresse und Tende, zu entmachten und zu verbannen, sondern konnte auch wegen des geringen Interesses ihres Ehemannes an Politik die Führung der Staatsgeschäfte übernehmen und so ihren großen Tätigkeitsdrang ausleben. Die glückliche Ehe fand wiederum ein frühes Ende, da Philibert schon am 10. September

1504 plötzlich erkrankte und starb. Zu einer weiteren Ehe ließ sich die tief getroffene und verzweifelte Margarete nicht mehr drängen, obwohl Vater und Bruder sie gerne mit dem kürzlich verwitweten König Heinrich VII. von England verheiratet hätten. Margarete trug seit Philiberts Tod nur noch Witwentracht. Die von ihr gewählte neue Lebensdevise spricht eine deutliche Sprache: »Fortune. Infortune. Fort. Une.« (Glück. Unglück. Stark. Allein.)

Nach dem unerwartet eingetretenen Tod seines einzigen Sohnes Philipp des Schönen übertrug Kaiser Maximilian I. seiner Tochter Margarete am 18. März 1507 die Regentschaft der burgundischen Niederlande. Überdies bestimmte er sie zum Vormund der in den Niederlanden verbliebenen Kinder Philipps. Die kinderlose Margarete kümmerte sich von nun an liebevoll um die Ausbildung ihres Neffen und Patenkindes Karl und seiner Schwestern Eleonore, Isabella und Maria. Diese neue Aufgabe dürfte ihr mehr zugesagt haben als das Wagnis, abermals eine Ehe einzugehen. Das Amt der Regentin bot ihr dagegen in einem höheren Maße Stabilität, größere finanzielle Unabhängigkeit und gesellschaftliche Einflussmöglichkeiten. Außerdem konnte sie in ihrer Heimat bleiben. Die Vorteile des Witwendaseins erkannte sie durchaus. Bereits zwei Jahre nach ihrem Amtsantritt wurden ihre Regierungsvollmachten durch Maximilian erweitert. Seit ihrer Einsetzung als Statthalterin stand Margarete mit ihrem Vater in einem regen Briefwechsel, der als wichtiger Gedanken- und Meinungsaustausch bis zum Tod des Kaisers 1519 fortgeführt wurde.

In ihrer Residenzstadt Mecheln ließ sich die neue Statthalterin ein Palais erbauen, in dem sie sich gerne mit bedeutenden Künstlern, Musikern, Dichtern und Gelehrten umgab. Ihr Hof entwickelte sich zu einem wichtigen Zentrum des Humanismus. Ihre Bibliothek und ihre Gemäldesammlung wurden gerühmt. Das kostbarste Gemälde in ihrem Besitz dürfte die »Arnolfini-Hochzeit« des Jan van Eyck gewesen sein, das sich heute in der Londoner National Gallery befindet. Margarete war auch selbst künstlerisch begabt, sie schrieb Gedichte und malte. Dank des hohen Ansehens ihres Hofs, an dem sehr kultivierte Sitten herrschten, gaben sogar ausländische Adelige ihre Töchter zur Erziehung in Margaretes

Obhut. So zählte etwa die spätere englische Königin Anna Boleyn zu Margaretes Schützlingen.

Margaretes Position in den Niederlanden war nicht einfach, da ihre Untertanen in ihr die Repräsentantin ihres wenig beliebten Vaters sahen, dessen frankreichfeindliche Politik bei den Ständen vielfach auf Widerstand stieß. Das rebellische Herzogtum Geldern, das von Frankreich unterstützt wurde, zwang ihr den Geldernkrieg auf, der sich über Jahre hinzog, bevor er 1513 weitgehend und 1528 endgültig beendet werden konnte. Im Interesse der Niederlande war Margarete vor allem an einem Zusammenwirken mit England gelegen, weshalb sie sich maßgeblich für das Zustandekommen von entsprechenden Verträgen engagierte.

Mit der vorzeitigen Volljährigkeitserklärung ihres Neffen Karl auf Wunsch der niederländischen Stände am 5. Januar 1515, die sich mittels einer Geldzahlung das Einverständnis Maximilians I. dazu erkauft hatten, büßte Margarete das ihr lieb gewordene Amt als Statthalterin ein. Sie war vor vollendete Tatsachen gestellt worden. Verbittert stellte sie gegenüber dem Vater fest: »Ich habe stets mein Möglichstes getan und mein Letztes gegeben, jetzt habe ich alles verloren. Ich fühle mich so traurig, so bekümmert, so elend, daß ich wünschte, nie geboren zu sein.« Nachdem Karl im Januar 1516 König von Aragón und stellvertretend für seine nicht regierungsfähige Mutter Johanna die Wahnsinnige König von Kastilien geworden war, setzte er jedoch seine Tante Margarete 1517 erneut als Statthalterin ein, ehe er nach Spanien reiste.

Nach dem Tod Kaiser Maximilians I. 1519 sah Margarete eine ihrer vordringlichsten Aufgaben darin, ihren Neffen Karl bei der Wahl zum römisch-deutschen König zu unterstützen, um zu verhindern, dass König Franz I. von Frankreich gewählt wurde. Karls Krönung am 22. Oktober 1520 in Aachen, der sie als »Erste Dame des Reichs« beiwohnte, stellte sicherlich eine große Genugtuung für sie dar. Bevor Karl V. 1522 wieder nach Spanien zurückkehrte, bestätigte er Margarete am 15. April erneut als Statthalterin und stattete sie mit mehr Vollmachten aus als noch zu Zeiten ihres Vaters. Trotz aller dynastischen Verbundenheit verlor die nüchterne Realpolitikerin nie die Interessen der ihr anvertrauten

Provinzen aus den Augen, die sie um das Hochstift Utrecht und um Friesland vergrößerte. Weniger von Erfolg gekrönt waren ihre Bemühungen, das Eindringen der Reformation in die Niederlande abzuwenden. »Schuld an der ganzen Ketzerei« war ihrer Ansicht nach »nur der verkommene Klerus selbst«.

Als ihr größter diplomatischer Erfolg gilt der Friedensvertrag zwischen Kaiser Karl V. und König Franz I., den Margarete im Sommer 1529 mit der französischen Königinmutter Louise von Savoyen aushandelte. Der sogenannte Damenfrieden von Cambrai brachte ihr den Ehrentitel »Europas bester Diplomat« ein. Mit Ausnahme der Wiedergewinnung des Herzogtums Burgund, das nun endgültig bei Frankreich verblieb, konnte Margarete für ihren Neffen einen höchst vorteilhaften Vertrag abschließen, der den Habsburgern die Vorherrschaft in Italien verschaffte und den Verzicht Frankreichs auf die Lehnshoheit über Flandern und das Artois. Am 1. Dezember 1530 verstarb Margarete in Mecheln an Wundbrand. In ihrem Abschiedsbrief an Karl V. erklärte sie zufrieden: »[…] mit ruhigem Gewissen hinterlasse ich Euch Eure Länder, die ich nicht nur regiert, sondern gemehrt habe […] Ich lege Euch den Frieden ans Herz, besonders mit England und mit Frankreich«. Die von ihr in Brou bei Bourg-en-Bresse erbaute Kirche mit dem prächtigen Grabmal für ihren Gatten Philibert diente auch ihr seit 1532 als letzte Ruhestätte. 25 Jahre lang hatte sie sich intensiv mit der Ausgestaltung und Ausstattung der Grabkirche und des Mausoleums beschäftigt.

Karl V./I.

* 1500 in Gent
† 1558 in San Jerónimo de Yuste

Römisch-deutscher Kaiser, König von Spanien

Kaiser Karl V., der Herrscher über ein Weltreich, wurde am 24. Februar 1500 als ältester Sohn Philipps des Schönen von Burgund und Johannas der Wahnsinnigen von Aragón und Kastilien geboren. Er wuchs weitgehend fern von seinen Eltern auf, die er kaum kannte. Seine Kindheit und frühe Jugend verbrachte er in den burgundisch-habsburgischen Niederlanden, wo er am Hof seiner Tante, der Generalstatthalterin Margarete, in Mecheln erzogen wurde. Wie für den Adel üblich, spielten bei seiner Ausbildung Turnier und Jagd eine größere Rolle als der Erwerb fundierten geistigen Wissens. Wegen eines angeborenen Vorbisses hatte er Probleme beim Sprechen, sodass man ihn oft schlecht verstand. Als Thronerbe seines 1506 verstorbenen Vaters wurde Karl 1515 auf Wunsch der burgundischen Stände vorzeitig für großjährig erklärt, doch die eigentliche Führung der Regierungsgeschäfte verblieb in den Händen seiner Ratgeber. Als sein Großvater König Ferdinand II. von Aragón ein Jahr später starb, machte es die Regierungsunfähigkeit seiner psychisch kranken Mutter Johanna erforderlich, dass Karl nach Spanien kam, um in den Königreichen als Regent anerkannt zu werden. Dass er die kastilische Sprache damals bloß unvollkommen beherrschte, missfiel den Spaniern ebenso wie seine burgundische Begleitung. Erst im Februar 1518 huldigten ihm die Stände von Kastilien, jene von Aragón folgten im April 1519 nach.

Durch den Tod seines Großvaters väterlicherseits, des Kaisers Maximilian I., 1519 gelangten nicht nur die österreichischen Länder an Karl, sondern es wurde auch die Frage der Nachfolge im Heiligen Römischen Reich aktuell. Außer ihm bewarben sich

König Franz I. von Frankreich und König Heinrich VIII. von England um die Reichskrone. Karls Wahlkampf wurde größtenteils von der Fuggerschen Großbank bezahlt. Als ihn die Kurfürsten im Juni 1519 zum König wählten, waren an seine Person große Erwartungen geknüpft sowohl vonseiten der Öffentlichkeit als auch von den Reichsständen. Schon bald taten sich allerdings beträchtliche Diskrepanzen zu der von Karl tatsächlich verfolgten Politik auf.

Während das Reich Karl V. stets relativ fremd bleiben sollte, entwickelten sich die spanischen Königreiche zu seiner wichtigsten Machtbasis, was wegen Überspannung der militärischen und vor allem der finanziellen Kräfte 1557 in einen Staatsbankrott mündete. Weil ihre Kronen in seiner Person erstmals vereinigt waren, gilt der Habsburger, der hier als Karl I. regierte, als erster König von Spanien. Regierung und Verwaltung seines ausgedehnten Länderkomplexes, zu dem die Niederlande, die spanischen Königreiche, Süditalien und die österreichischen Erblande gehörten, stellten ihn vor gewaltige Herausforderungen. Obendrein vergrößerte sich unter seiner Regentschaft das spanische Kolonialreich in Süd- und Mittelamerika immer weiter. Zur Bewältigung der vielfältigen Herrschaftsanforderungen bediente sich Karl seiner Verwandten, die er mit entsprechenden Aufgaben betraute. Den habsburgischen Stammbesitz trat er 1521/22 an seinen Bruder Ferdinand ab, der damit die österreichische Linie der Habsburger begründete. Karl behielt sich jedoch eine Art von Obereigentum vor. Wegen der enormen Ausdehnung seines Herrschaftsgebiets, der schwierigen Nachrichtenübermittlung und seines Kompetenzvorbehalts bei allen wichtigen politischen Entscheidungen sah sich Karl häufig zu beschwerlichen Reisen innerhalb Europas genötigt. Bei seiner Abdankung 1555 sprach er von 40 großen Reisen, die er unternommen habe.

Zur Stärkung der traditionell engen dynastischen Beziehungen zu Portugal heiratete Karl V. 1526 seine Cousine Isabella. Die Tochter des verstorbenen Königs Manuel I. von Portugal brachte eine ansehnliche Mitgift in Höhe von einer Million Dukaten mit, was Karl die Finanzierung seiner geplanten

Italienfahrt ermöglichte. Außerdem konnte er seine Ehefrau während seiner Abwesenheiten als Regentin der spanischen Königreiche einsetzen. Von den Kindern des Herrscherpaares blieben nur drei am Leben. Nach der frühzeitigen Geburt ihres fünften Kindes starb die zarte Isabella bereits 1539. Der Kaiser, der an seiner schönen Gattin gehangen hatte, ging keine weitere Ehe mehr ein. Von seinen vier bekannten außerehelichen Kindern erlangten Margarete von Parma und Don Juan d'Austria historische Bedeutung.

Mit dem von Karl V. verfolgten Ziel einer weltumspannenden Universalmonarchie wurden die alten Konflikte der Habsburger mit dem Königshaus Valois neu befeuert. 1521 brach der erste Krieg zwischen ihm und König Franz I. von Frankreich aus. Beide Fürsten strebten nach der Herrschaft über Italien, um sich eine Vormachtstellung in Europa zu sichern. Insgesamt führten sie bis 1544 vier Kriege mit wechselnden Bündnispartnern gegeneinander. 1527 eskalierte die Situation in Italien, als Söldnertruppen Karls Rom im »*Sacco di Roma*« brutal plünderten, wozu es aber keinerlei kaiserliche Anordnung gegeben hatte. Weil Papst Clemens VII., ein Gegner des Kaisers, dabei in der Engelsburg gefangen gesetzt wurde, konnte Karl die Lage nutzen, um die Machtverhältnisse in Italien zu seinen Gunsten zu regeln. Einen triumphalen Höhepunkt für ihn bildete seine Kaiserkrönung durch den Papst am 24. Februar 1530 in Bologna, die zugleich die letzte Krönung dieser Art sein sollte. Mit dem 1544 mit Franz I. geschlossenen Frieden von Crépy gab Karl V. die lange von ihm beabsichtigte völlige Niederwerfung seines Gegenspielers auf. Er verzichtete auf das Herzogtum Burgund, behauptete jedoch die Vorherrschaft in Italien.

Ein weiterer gefährlicher Widersacher entstand Karl V. mit dem expandierenden Osmanischen Reich. Abgesehen von einem 1532 unternommenen, aber schnell wieder abgebrochenen Türkenkrieg überließ er diese Herausforderung seinem Bruder Ferdinand, der sich mit der Türkenabwehr in Ungarn und auf dem Balkan auseinandersetzen musste. Der Kaiser widmete sich dagegen dem mediterranen Kriegsschauplatz, um das westliche

Mittelmeer der Kontrolle durch die Osmanen zu entziehen. Während die Offensive gegen die Barbaresken-Korsaren vor Tunis 1535 erfolgreich verlief, scheiterte 1541 die Expedition gegen Algier.

Die nahezu ununterbrochenen Kämpfe gegen die Franzosen und Osmanen verhinderten lange Zeit, dass sich Karl V. intensiv mit der Lutherfrage im Heiligen Römischen Reich beschäftigte. Obwohl er bereits auf seinem ersten Reichstag in Worms 1521 mit diesem Problem konfrontiert worden war, verkannten der Kaiser und seine Umgebung zunächst die Bedeutung und Brisanz der Reformation. Sein Bekenntnis zum alten Glauben hatte Karl in einer selbst verfassten Stellungnahme öffentlich gemacht, was ungewöhnlich für den verschlossenen Monarchen war: »Ihr wißt, Ich stamme ab von den allerchristlichsten Kaisern der edlen deutschen Nation, von den katholischen Königen Spaniens, den Erzherzögen Österreichs, den Herzögen von Burgund, die alle bis zum Tod treue Söhne der römischen Kirche gewesen sind; [...] Aus diesem Grund bin ich fest entschlossen, alles aufrechtzuerhalten, was meine genannten Vorgänger und ich bis zur Stunde aufrechterhalten haben [...] Deshalb habe ich mich entschlossen, alles in dieser Sache daranzusetzen: meine Königreiche und Herrschaften, meine Freunde, meinen Leib, mein Blut, mein Leben und meine Seele.« Das von ihm 1521 erlassene Wormser Edikt, das die Reichsacht über Martin Luther verhängte sowie die Verbreitung und Lektüre seiner Schriften verbot, blieb weitgehend wirkungslos. Die theologische Frage verband sich in der Folgezeit mit einem Machtkampf zwischen Karl V., der die kaiserliche Autorität auf Kosten des ständisch-föderativen Prinzips zu stärken versuchte, und den auf ihre Selbständigkeit pochenden Reichsständen. Begünstigt durch die besondere Struktur des Reichs und die neunjährige Abwesenheit des Kaisers konnte sich die evangelische Lehre rasch ausbreiten. Aus politisch-taktischen Gründen musste Karl immer wieder zeitlich befristete Zugeständnisse an die Protestanten machen. Erst nach dem 1544 geschlossenen Frieden von Crépy war es ihm möglich, militärisch gegen seine im Schmalkaldischen Bund vereinigten protestantischen Gegner im Reich vorzugehen.

Mit seinem Sieg über den Schmalkaldischen Bund in der Schlacht bei Mühlberg 1547 stand er auf dem Höhepunkt seiner Macht. Als er mit dem Augsburger Interim von 1548 versuchte, die religiösen und politischen Verhältnisse Deutschlands in seinem Sinne zu ordnen, formierte sich dagegen fundamentaler Widerstand. 1552 unterlag Karl militärisch der protestantischen Fürstenopposition, die sich mit König Heinrich II. von Frankreich gegen ihn verbündet hatte.

Zwar hatte Karl V. 1545 die Einberufung des Konzils von Trient erreicht, doch die Gegnerschaft der Päpste verhinderte die von ihm angestrebte Lenkung des Konzils, das 1563 endete. Statt der von ihm gewünschten Wahrung der Einheit der Kirche kam es zur Gegenreformation und damit zur endgültigen Glaubensspaltung. Karls Niederlage gegen die rebellierenden Fürsten im Reich erforderte einen Politikwechsel. Der Augsburger Religionsfriede von 1555 mit seiner reichsrechtlichen Anerkennung des Luthertums besiegelte das Scheitern der kaiserlichen Reichspolitik. Da die universale Kirche als Basis des Kaisertums nicht mehr bestand, war auch die von Karl beanspruchte Universalmonarchie infrage gestellt. Er entschied sich daher zur Niederlegung seiner sämtlichen Ämter. In seiner Abdankungsrede vom 25. Oktober 1555 in Brüssel verhehlte er nicht seine Enttäuschung: »Große Hoffnungen hatte ich – nur wenige haben sich erfüllt, und wenige bleiben mir: und um den Preis welcher Mühen! Das hat mich schließlich müde und krank gemacht. […] Glaubt nicht, daß ich mich irgend Mühen und Gefahren entziehen will: Meine Kräfte reichen einfach nicht mehr hin.« Als einziger Kaiser des Heiligen Römischen Reichs dankte er 1556 ab. Die Kaiserwürde ging an seinen pragmatischeren Bruder Ferdinand und wechselte damit an die österreichische Linie des Hauses Habsburg. Karls Weltreich wurde unter seinem Sohn Philipp II. und seinem Bruder Ferdinand I. aufgeteilt. Im Februar 1557 zog sich der einstige Herrscher nach San Jerónimo de Yuste im Hochland der Extremadura zurück. Unmittelbar neben dem Hieronymitenkloster hatte er sich eine Villa erbauen lassen. Sein Schlafzimmer verfügte nicht nur über eine Verbindungstür zur Klosterkirche, sondern ermöglichte ihm auch durch ein

Innenfenster einen Blick auf den Hochaltar, sodass er vom Bett aus die Messe hören konnte. Die Gicht, unter der er seit etwa 1530 litt und die ihn zeitweilig stark in seinen Aktivitäten und in seiner Entschlusskraft behindert hatte, setzte ihm zu. Als Karl V. am 21. September 1558 an einer Malariainfektion starb, trat mit ihm eine der mächtigsten Herrscherpersönlichkeiten der europäischen Geschichte ab.

Ferdinand I.

* 1503 in Alcalá de Henares
† 1564 in Wien

Römisch-deutscher Kaiser

Trotz seiner Bedeutung für das Haus Habsburg genießt Kaiser Ferdinand I. im Vergleich zu seinem drei Jahre älteren Bruder Kaiser Karl V., in dessen Reich die Sonne nicht unterging, meist weniger Beachtung. Der zweitgeborene Sohn Philipps des Schönen von Burgund und Johannas der Wahnsinnigen von Aragón und Kastilien erblickte am 10. März 1503 das Licht der Welt. Nach dem frühen Tod des Vaters und wegen des sich verschlechternden Geisteszustands seiner Mutter verbrachte er seine Kindheit und Jugend am Hof seiner Großeltern mütterlicherseits in Spanien. Sein Großvater König Ferdinand II. von Aragón ließ ihm eine gute Erziehung zuteilwerden. Als Ferdinand II. 1516 starb, trat sein älterer Enkel Karl, der in den Niederlanden aufgewachsen war, die alleinige Nachfolge in den spanischen Königreichen an. Der jüngere Enkel Ferdinand musste dagegen im April 1518 Spanien verlassen und an den Hof der Generalstatthalterin der Niederlande, seiner Tante Margarete von Österreich, gehen. Er sollte seine spanische Heimat nie mehr wiedersehen. Am Hof seiner Tante erhielt seine Ausbildung ihre Abrundung. Hier lernte er die Ideenwelt des bedeutenden Humanisten Erasmus von Rotterdam kennen. Sein Fürstenbild wurde in hohem Grade von Erasmus' Buch *Institutio Principis Christiani* (Die Erziehung des christlichen Fürsten) geprägt, dessen zweite Auflage ihm gewidmet war.

1521/22 kam es zwischen Karl und Ferdinand zu einer vertraglichen Regelung, die dem jüngeren Bruder eine selbständige Herrschaft in den österreichischen Stammlanden der Habsburger ermöglichte. Karl V. sicherte sich aber Einflussmöglichkeiten. Eine entsprechende Ausstattung des Bruders musste Karl schon wegen dessen geplanter Heirat mit der Jagiellonenprinzessin Anna ins Auge fassen, weil die ungarischen Stände einen nichtregierenden Prinzen nicht als Ehemann akzeptiert hätten. Ferdinand erhielt die nieder- und innerösterreichischen Länder sowie Tirol und die österreichischen Vorlande, womit er die österreichische Linie der habsburgischen Dynastie begründete.

Ferdinands Heirat mit Anna waren jahrelange Verhandlungen vorausgegangen. Bereits 1504 fanden erste Absprachen zwischen Kaiser Maximilian I. und König Wladislaw II. von Ungarn und Böhmen statt. Die beiden Herrscher schlossen schließlich einen doppelten Ehevertrag, der vorsah, dass Maximilians Enkelin Maria mit dem jagiellonischen Erbprinzen Ludwig und einer der beiden Enkel Maximilians, Karl oder Ferdinand, mit Ludwigs Schwester Anna vermählt werden sollte. Diese Doppelhochzeit diente zur Bekräftigung eines gegenseitigen Erbschaftsvertrags im Falle des Aussterbens eines der zwei Fürstenhäuser. 1516 stand fest, dass Ferdinand die gleichaltrige Anna ehelichen würde. Erst fünf Jahre später lernten sich die Brautleute bei ihrer Hochzeit in Linz kennen. Diese aus politisch-dynastischen Gründen arrangierte Ehe entwickelte sich zu einer ausgesprochen glücklichen Verbindung. Die hübsche Anna wurde von Ferdinand »nach Gott mein größter und teuerster Schatz« genannt. Er trennte sich nur ungern von seiner Ehefrau, sodass er sie, wenn dies möglich war, auf all seine Reisen mitnahm. Aus der Ehe gingen 15 Kinder hervor, von denen bloß zwei nicht das Erwachsenenalter erreichten. Als Anna bei der Geburt des letzten Kindes 1547 starb, ließ sich der bekümmerte Ferdinand einen Vollbart wachsen und war zu keiner neuen Heirat mehr bereit.

Sein Herrschaftsbeginn in den österreichischen Ländern gestaltete sich nicht einfach, da er als »Landfremder« auf Vorbehalte und offene Ablehnung bei den einheimischen Eliten stieß. 1522 griff Ferdinand durch und bestrafte seine Gegner aus den Reihen der Stände mit dem »Blutgericht von Wiener Neustadt«. Er ließ die Anführer der oppositionellen Ständeregierung wegen Hochverrats hinrichten. Konfessionelle Spannungen im Zuge der Reformation und Bauernaufstände wirkten sich ebenfalls belastend aus. Doch dank seiner Lernfähigkeit und seines Anpassungsvermögens, aber auch wegen seiner persönlichen Liebenswürdigkeit verstand es Ferdinand, in den kommenden Jahren Fuß zu fassen. Ihm half dabei, dass er über eine große Sprachbegabung verfügte und im Gegensatz zu Karl V. mit seinem geselligen Wesen Brücken bauen und Menschen für sich gewinnen konnte.

Ähnliches Durchsetzungsvermögen und Anpassungsfähigkeit bewies er als Stellvertreter des oft abwesenden Kaisers Karl V. im Heiligen Römischen Reich. Eine wesentliche Aufwertung seiner Position erfuhr er 1531 durch seine Wahl zum römisch-deutschen König. Die deutschen Fürsten sahen Ferdinand inzwischen als einen der Ihren an und hießen seine Nachfolge im Reich gut. In den 1540er-Jahren verglich der venezianische Botschafter Alvise Mocenigo die beiden habsburgischen Brüder miteinander und stellte fest: »Der Kaiser ist von sehr wenig Worten, und spricht so zu sagen nie mit dem, welcher mit Ihm unterhandelt, von was anderem, als dem vorliegenden Gegenstand; der König dagegen ist immer so reich an Worten, als würde er zu reden nicht aufhören, so daß wenn Jemand mit Ihm unterhandelt, er in tausendfaches Gespräch eingeht, was ganz weit vom Gegenstande abliegt. […] Der Kaiser ist klug und zurückhaltend im Reden, und verschließt viele Dinge in seiner Brust. Der König spricht freier und enthält sich selten zu sagen, was er im Herzen hegt etc.«

Auf kulturellem Gebiet zeichnete sich Ferdinand I. als Musikliebhaber aus, der eine große Hofkapelle unterhielt und für diese 1527 eine »Capell-Ordnung« erließ. Mit Jakob Seisenegger beschäftigte er seit seiner Wahl zum römisch-deutschen König einen eigenen Hofmaler. Zahlreiche Bilder aus der von ihm angelegten Porträtgalerie und seine Harnischkammer gingen später in den Besitz seines Lieblingssohnes Erzherzog Ferdinand II. von Tirol über. Daneben galt seine Passion antiken Münzen, die er systematisch sammelte. Für seine Gattin Anna ließ Ferdinand in Prag ein »Lustschlösschen«, das Belvedere auf dem Hradschin, erbauen. Es zählt zu den frühesten Renaissancebauten nördlich der Alpen.

Nach dem Tod seines Schwagers König Ludwig II. von Ungarn und Böhmen im August 1526 in der Schlacht von Mohács bot sich Ferdinand die Möglichkeit auf eine Machtvergrößerung im Donauraum gemäß den Bestimmungen des mit dem Haus Jagiello geschlossenen Erbvertrags. In Böhmen wie Ungarn musste er sich trotzdem der Wahl durch die Stände stellen. Während er in Böhmen rasch die Krone erringen konnte und damit zum einzigen gekrönten Kurfürsten aufstieg, gestaltete sich die Situation in Ungarn für ihn schwieriger, weil es hier zu einer Doppelwahl und dadurch zu einem Machtkampf mit dem als Gegenkönig gewählten Johann Zápolya kam, der dem ungarischen Adel entstammte. Dessen ungeachtet gilt das Jahr 1526 wegen der Zusammenführung der österreichischen mit den böhmischen und ungarischen Ländern als das Geburtsdatum der späteren Donaumonarchie. Für Ferdinand wurde nun die Auseinandersetzung mit dem sich nach Westen ausdehnenden Osmanischen Reich zur ständigen Herausforderung. 1529 wurde Wien erstmals, wenn auch erfolglos von osmanischen Truppen belagert. Wegen der zögerlichen Unterstützung durch Karl V. fühlte sich Ferdinand, der über wesentlich geringere finanzielle Ressourcen als sein Bruder verfügte, von diesem im Stich gelassen und konnte militärisch nichts ausrichten. Die türkische Expansion setzte sich unvermindert fort, sodass Ferdinand nur ein Drittel des einstigen mittelalterlichen Königreichs Ungarn verblieb und er zu Tributzahlungen verpflichtet war.

In seinen österreichischen Erblanden widmete er sich der Errichtung einer effizienteren Administration. 1527 wurden mit der Hofstaatsordnung der Geheime Rat, der Hofrat, die Hofkammer und die Hofkanzlei als zentrale Verwaltungsorgane geschaffen, die das landesfürstliche Regiment stärkten. 1556 erfolgte noch die Gründung des Hofkriegsrats. Diese Verwaltungsstrukturen wirkten über einen langen Zeitraum nach.

Im Heiligen Römischen Reich gelang es ihm, an Profil und Geltung zu gewinnen. Obwohl er der alten Lehre treu blieb, verfolgte Ferdinand im Gegensatz zu seinem Bruder nach 1551 eine konziliantere Religionspolitik. Das Vorhaben Karls V., seinen Sohn Philipp zum Nachfolger im Kaisertum aufzubauen, sorgte für eine Entfremdung zwischen den Brüdern und stieß auch bei der

Mehrheit der Reichsfürsten auf Ablehnung. Als es 1552 zu einem Aufstand protestantischer Fürsten gegen die fast im ganzen Reich unbeliebte kaiserliche Politik kam, übernahm Ferdinand I. eine Vermittlerposition. Mit dem Passauer Vertrag von 1552 schaffte er es, den Krieg zu beenden. Drei Jahre später setzte er mit dem Augsburger Religionsfrieden von 1555, der die reichsrechtliche Anerkennung des lutherischen Bekenntnisses brachte, eine politische Friedensordnung durch. Diesen Politikwechsel, der seinen Vorstellungen von einem universalen christlichen Reich unter habsburgischer Führung widersprach, trug Karl V. nicht mit. Er dankte 1556 ab und übertrug seinem Sohn Philipp die Herrschaft über die Niederlande und Spanien. Als Ferdinand I. 1558 von den Kurfürsten zum Kaiser proklamiert wurde, ging die Reichskrone von der spanischen auf die österreichische Linie der Habsburger über. Wie bereits in seinen Erblanden modernisierte Ferdinand im Reich die Verwaltung mit der Reichshofratsordnung von 1559. Der Reichshofrat trat als oberstes Gericht des Kaisers neben das Reichskammergericht. Trotz seiner versöhnlichen Religionspolitik hielt Ferdinand bis an sein Lebensende, wenn auch vergeblich, an seinem Vorhaben, die Kirchenspaltung zu überwinden, fest. Noch zu seinen Lebzeiten erreichte er es, dass die Kurfürsten, zu denen er in der Mehrzahl in einem guten Verhältnis stand, seinen ältesten Sohn Maximilian 1562 zu seinem Nachfolger im Reich wählten. Am 25. Juli 1564 starb Ferdinand I. an den Folgen einer Lungenkrankheit. Sein Sohn Maximilian II., der ihm wegen seiner protestantischen Neigungen stets Anlass zur Sorge gegeben hatte, berichtete, dass der Vater »glaich wie in ainem schlaf an [ohne] allen schmertzen verschiden«. Er sei »dermassen verzerrt gewesen«, dass er »nix als haut und ban an ier gehabt hatt«. Gemäß Ferdinands Testament wurden die Erblande unter seinen drei Söhnen aufgeteilt und diese dazu ermahnt, bei der »allgemeinen christlich römischen khirchen [zu] beleiben und verharren […] und die sachen der strittigen religion zu cristenlicher chatholischer ainigkhait irs pessten vermug zu fudern«.

Die geteilte Dynastie – Spanien und Österreich

Da es Kaiser Karl V. nicht gelungen war, seinen Sohn Philipp als Universalerben gegen seinen Bruder Ferdinand I. und die deutschen Reichsfürsten durchzusetzen, kam es nach seiner Abdankung 1556 zu einer Aufteilung des Hauses Habsburg in eine spanische und eine österreichische Linie. Philipp II. erhielt mit Spanien und dessen überseeischen Kolonien, mit Burgund, den spanischen Niederlanden und verschiedenen Provinzen in Italien ein Weltreich und galt nun als mächtigster Herrscher in Europa. Ferdinand I. behielt für sich und seine Nachkommen die österreichischen Stammlande sowie Böhmen und Ungarn. Außerdem blieb die Anwartschaft auf die römisch-deutsche Kaiserkrone seither beim österreichischen Zweig der Dynastie. Um den Zusammenhalt des Hauses zu bewahren, kam es im Verlauf der folgenden zwei Jahrhunderte zu zahlreichen Heiraten zwischen den beiden Linien, die sich nach wie vor als »Haus Österreich« bezeichneten. Auch außenpolitisch stimmten sich Madrid und Wien gegenüber Frankreich und dem Osmanischen Reich immer wieder eng ab.

Bis in das 17. Jahrhundert hinein war die spanische Linie politisch und wirtschaftlich machtvoller als der österreichische Zweig. König Philipp II. konnte das väterliche Erbe behaupten. Obgleich er die calvinistisch geprägten nördlichen Provinzen in den Niederlanden verlor, die sich 1581 endgültig von Spanien und dem Haus Habsburg lossagten und als selbständige Generalstaaten konstituierten, vermochte er andererseits Portugal samt dessen Kolonien zu gewinnen. Zum zentralen außenpolitischen Faktor wurde der Kampf mit England um die Herrschaft der Meere, in dem Philipp 1588 eine schwere Niederlage mit dem Untergang seiner Kriegsflotte, der Armada, erlitt. Unter Philipps Nachfolgern büßte Spanien seine Stellung als Vormacht der

Gegenreformation wie auch als Großmacht schrittweise ein. Philipp III. und Philipp IV. konnten der europäischen Politik nicht mehr ihren Stempel aufdrücken, obwohl Spanien unter Letzterem nochmals eine große kulturelle Blütezeit erlebte. Mit dem kinderlosen, körperlich wie geistig eingeschränkten Karl II. starben die spanischen Habsburger 1700 aus, wodurch die dortige Erbfolge zu einem Spielball der europäischen Kabinette wurde. Wegen der fortdauernd engen verwandtschaftlichen Verbindung der beiden Linien lebte die Kultur der spanischen Habsburger in Wien fort. Für die österreichischen Habsburger galt der spanische Hof stets als Vorbild. Bemerkbar machte sich dieses Weiterwirken hauptsächlich im sogenannten spanischen Hofzeremoniell, das bis zum Ende der Monarchie das Leben am Wiener Hof bestimmte. Die noch heute in Wien bestehende, im 16. Jahrhundert begründete Spanische Hofreitschule hat ihre Wurzeln gleichfalls auf der Iberischen Halbinsel, woher ursprünglich ein Großteil ihrer Pferde stammte.

Während die spanische Linie zunächst den Ton angab, sah sich der österreichische Zweig mit anderen Problemen konfrontiert. 1564 war eine Aufspaltung in drei Linien erfolgt, die erst 1665 endete, als Leopold I. nach dem Aussterben der übrigen Linien wieder alle österreichischen Erbländer in seiner Hand vereinigen konnte. Neben der Türkenabwehr im Südosten Europas waren die österreichischen Habsburger vor allem mit dem Kampf gegen die Reformation und Bruderzwisten beschäftigt. Im 17. Jahrhundert kam dann als weiteres maßgebliches Element ihrer Politik die Auseinandersetzung mit Frankreich hinzu, die früher zum großen Teil von der spanischen Linie der Habsburger getragen wurde.

Unter den österreichischen Habsburgern nahm Kaiser Maximilian II., der seinem Vater Ferdinand I. 1564 nachfolgte, wegen seiner Sympathie für den Protestantismus eine Sonderstellung ein. Da er angesichts der Türkengefahr die Unterstützung der überwiegend protestantischen Stände in seinen Territorien benötigte, gewährte er ihnen die freie Glaubensausübung. Sein Sohn Rudolf II., der sich mehr für Naturwissenschaft, Kunst und Sammeln als für Politik begeisterte, verfolgte im

Glaubensstreit letztlich ebenfalls eine auf Ausgleich bedachte Politik. Weil sich der unverheiratete Kaiser einer Regelung der Nachfolgerfrage verweigerte, führte dies zu Komplikationen mit seinem ehrgeizigen jüngeren Bruder Matthias und damit zum Bruderzwist im Haus Habsburg, der insbesondere die Macht der protestantischen Stände stärkte. So erlebte der Protestantismus damals eine letzte Blütezeit in den habsburgischen Ländern. Nachdem es Matthias 1611 gelungen war, Rudolf vollständig zu entmachten, konnte er nach dessen Tod kurz darauf auch die römisch-deutsche Kaiserkrone übernehmen.

Als Matthias 1619 kinderlos starb, folgte ihm sein Vetter, Erzherzog Ferdinand von Innerösterreich, nach. Anders als sein Vorgänger vertrat dieser als Zögling der Jesuitenuniversität Ingolstadt entschieden die katholische Position. Noch zu Lebzeiten von Kaiser Matthias war es in Böhmen 1618 zum Aufstand gegen die habsburgische Herrschaft gekommen, da die dortigen Stände um ihre Religionsfreiheit fürchteten. Damit begann jener 30 Jahre währende verheerende Krieg, bei dem es sich in Wirklichkeit um eine Reihe von Kriegen handelte. Nachdem sich Ferdinand II. gegen weitreichende Zugeständnisse an seinen wittelsbachischen Vetter, Herzog Maximilian von Bayern, dessen militärischen Beistand gesichert hatte, gelang es am 8. November 1620, die böhmischen Stände in der Schlacht am Weißen Berg vernichtend zu schlagen. Danach konnte der radikale Katholik Ferdinand nicht nur die Gegenreformation in Böhmen und den österreichischen Erblanden kompromisslos durchsetzen, sondern mit ihrer Hilfe auch die ständische Macht entscheidend schwächen. Ab jetzt wurde die böhmische Königskrone erblich an das Haus Habsburg gebunden. Gleichermaßen der absolutistischen Staatstheorie geschuldet war die von Ferdinand 1621 eingeführte Primogenitur und ungeteilte Erbfolge, durch die innerfamiliäre Machtkämpfe für die Zukunft vermieden werden sollten. Mit seinem Versuch, die konfessionelle Einheit im Heiligen Römischen Reich wieder herbeizuführen und seine kaiserliche Machtstellung auszubauen, endete der scheinbar unaufhaltsame Siegeszug der katholischen Truppen. Nach 1630 verschlechterte sich die Lage für Ferdinand gravierend.

Durch Spaniens, Schwedens und Frankreichs militärisches Eingreifen zog sich der Krieg, der immer brutalere Formen annahm, in die Länge. Einst aus konfessionellen Gegensätzen entstanden, verwandelte er sich zunehmend zu einem politischen Machtkampf zwischen Frankreich und den Habsburgern. Kaiser Ferdinand II. erlebte das Kriegsende nicht mehr. Kurz vor seinem Tod im Februar 1637 gelang es ihm noch, seinen gleichnamigen Sohn zum römisch-deutschen König wählen zu lassen. Obwohl wie sein Vater von Jesuiten erzogen, nahm Ferdinand III. ihnen gegenüber eine distanziertere Haltung ein und setzte in seinem Herrschaftsgebiet die Gegenreformation weniger kompromisslos durch. Wie viele Habsburger war er musisch begabt und komponierte selbst. Überdies beherrschte er sieben Sprachen und war früh von seinem Vater in die Regierungstätigkeit einbezogen worden. Der Westfälische Friede von Münster und Osnabrück beendete 1648 den Dreißigjährigen Krieg und bestätigte den Augsburger Religionsfrieden von 1555 unter Einschluss der Calvinisten. Von der religionspolitischen Einigung, den Besitzstand von 1624 zu übernehmen, waren die habsburgischen Erblande aber ausgenommen. Hier war nur der katholische Glaube gültig. Die Habsburger mussten ihren elsässischen Besitz an Frankreich abtreten. Zudem sollten die österreichischen Habsburger nach dem Willen Frankreichs auf eine außenpolitische Zusammenarbeit mit der spanischen Linie verzichten. Die Reichsfürsten erlangten größeres politisches Gewicht durch das ihnen zugestandene Bündnisrecht, sofern es sich nicht gegen Kaiser und Reich richtete. Der Kaiser verlor dadurch an Macht.

Nach dem erfolgreich abgewehrten Vorstoß der Türken nach Wien, das vom 13. Juli bis zum 12. September 1683 belagert wurde, begann eine siegreiche habsburgische Offensive gegen das Osmanische Reich. Die Rückeroberung ihrer Hauptstadt Buda im Jahr 1686 nahmen die Ungarn zwar zum Anlass, den Habsburgern das Erbkönigtum zuzusprechen, nichtsdestotrotz blieben die Beziehungen des Herrscherhauses zu den ungarischen Großen nach wie vor konfliktträchtig. In diesen bis 1718 mit aller Härte geführten Türkenkriegen, die der österreichischen Monarchie einen gewaltigen Territorialzuwachs einbrachten – wodurch sie sich erneut als europäische Großmacht etablierte –, vollzog sich gleichzeitig der rasante Aufstieg des Prinzen Eugen von Savoyen. Im Dienst der Habsburger wurde er zum bedeutendsten Feldherrn seiner Zeit. Überdies sollte er als herausragender Staatsmann in den kommenden Jahrzehnten die österreichische Politik mitprägen.

Durch den Tod des kinderlosen spanischen Habsburgers Karl II. im Jahr 1700 trat die Frage der spanischen Erbfolge in ein akutes Stadium ein und löste den Spanischen Erbfolgekrieg aus, der nicht nur in Europa, sondern auch in Übersee ausgefochten wurde. Abermals standen sich die französischen Bourbonen und die Habsburger feindlich gegenüber. Während König Ludwig XIV. von Frankreich das Testament Karls II. von Spanien annahm, das seinen Enkel Herzog Philipp von Anjou zum Alleinerben einsetzte, pochten die österreichischen Habsburger darauf, dass Erzherzog Karl, der jüngere Sohn Kaiser Leopolds I., der einzig berechtigte Kandidat für die spanische Krone sei. Karls älterer Bruder, Kaiser Joseph I., ein dem frühaufklärerischen Gedankengut verpflichteter Herrscher, betrieb dieses dynastische Projekt seit seiner Regierungsübernahme 1705 mit aller Macht. Als Joseph I., ohne einen männlichen Thronerben zu hinterlassen, 1711 verstarb, musste sein jüngerer Bruder seine Nachfolge antreten. Er wurde als Karl VI. zum Kaiser gewählt. Die Hoffnungen auf den spanischen Thron ließen sich freilich für die Habsburger nicht mehr verwirklichen, da eine Vereinigung der spanischen und österreichischen Länder sowie Ungarns und Böhmens in einer Hand nicht im Interesse der übrigen europäischen Mächte war. Dies hätte die europäische Gleichgewichtspolitik nachhaltig gestört. Der Spanische Erbfolgekrieg endete deshalb mit der Aufteilung des spanischen Reichs, dessen Thron an eine Nebenlinie der französischen Bourbonen fiel. Kaiser Karl VI. gewann nur die Spanischen Niederlande, Neapel und Sardinien sowie Mailand und Mantua für sich. Mit dem Verlust Spaniens konnte er sich nie abfinden.

Unterdessen drohte der österreichischen Linie des Hauses Habsburg genauso wie einst dem spanischen Zweig ihr Erlöschen, weil aus der Ehe Karls VI. mit Elisabeth Christine von Braunschweig-Wolfenbüttel keine überlebenden männlichen Thronerben hervorgegangen waren. Um die österreichische Monarchie vor einem ähnlichen Zerfall zu bewahren, hatte der Kaiser bereits 1713 die sogenannte Pragmatische Sanktion erlassen. Dieses Hausgesetz legte die Unteilbarkeit und Untrennbarkeit seines Länderbesitzes fest. Zudem sah es die weibliche Thronfolge im Falle des Aussterbens des Hauses Habsburg im Mannesstamm vor, wobei jeweils die älteste Tochter des regierenden Kaisers bevorzugt werden sollte. Die Landstände der Erbländer sowie auch Ungarns akzeptierten die Pragmatische Sanktion nach und nach als rechtsverbindlich, wodurch dieses Gesetz bis zum Ende der Habsburgermonarchie eine wichtige Klammer der Länder blieb. Als abzusehen war, dass Karl VI. höchstwahrscheinlich ohne Söhne verbleiben würde, musste sich seine Außenpolitik fast zur Gänze darauf ausrichten, die Anerkennung der Pragmatischen Sanktion durch die ausländischen Mächte zu erreichen, und war dadurch vieler Chancen und Möglichkeiten beraubt. Trotz der Anerkennung durch eine Reihe europäischer Staaten fühlten sich einige Länder nach dem Tod Karls VI. nicht an die Vereinbarung gebunden.

Philipp II./I.

* 1527 in Valladolid
† 1598 im Escorial

König von Spanien und Portugal

In der Regierungszeit von Philipp II., der als Philipp I. auch in Portugal herrschte, stieg Spanien zur Hegemonialmacht in Europa, zur Vormacht der katholischen Gegenreformation und dank seiner außereuropäischen Kolonien zur ersten Weltmacht der Neuzeit auf. Spanien erlebte unter Philipp eine Glanzzeit, aber gegen Ende seiner Herrschaft setzte schon der Niedergang ein.

Philipp wurde am 21. Mai 1527 als Sohn des Kaisers Karl V. und der portugiesischen Königstochter Isabella geboren. Während Philipp den meist abwesenden Vater fast gar nicht zu Gesicht bekam, verlor er bereits kurz vor seinem zwölften Geburtstag die Mutter, in deren Obhut er anfänglich aufgewachsen war. Bei seiner Erziehung, zu der auch humanistisch gebildete Hochschullehrer herangezogen wurden, legte man offenbar auf Mehrsprachigkeit kein großes Gewicht; denn erstaunlicherweise lernte der Thronfolger nicht, sich gut in den verschiedenen Sprachen seines künftigen Reichs auszudrücken. Philipp sprach in erster Linie Kastilisch. Der sehr religiös eingestellte, introvertierte und kaum Gefühle artikulierende Junge liebte vor allem die Natur und den Aufenthalt im Freien, wo er der Jagd und dem Angeln nachgehen konnte. Sein Interesse für Musik, Malerei und die Wissenschaften mündete später in den Aufbau wertvoller Kunst-, Instrumenten- und Waffensammlungen. Seine Privatbibliothek bestand zuletzt aus rund 14 000 Bänden.

Im Alter von 16 Jahren wurde Philipp von seinem Vater nicht nur erstmals mit der Regentschaft in Spanien beauftragt, sondern im November 1543 außerdem aus politischen Gründen mit seiner annähernd gleichaltrigen Cousine, der portugiesischen Infantin

Maria Manuela, verheiratet. Aus dieser Ehe, die schon im Juli 1545 mit dem Tod seiner Gattin im Kindbett endete, stammte Philipps Sohn Don Carlos. Der kränkliche und erblich schwer belastete Prinz neigte als junger Mann zu gewalttätigen Exzessen. Wegen Hochverratsplänen wurde Don Carlos 1568 unter Arrest gestellt, in dem er dann unter ungeklärten Umständen starb.

Als Philipp 1548 in die Niederlande reiste, um die Huldigung der dortigen Stände entgegenzunehmen, erregten das kühldistanzierte Benehmen und die mangelhaften Fremdsprachenkenntnisse des Infanten vielerorts Unwillen. Zwar konnte er zu den Niederländern kein gutes Verhältnis entwickeln, doch von der flandrischen Kunst und Kultur zeigte er sich beeindruckt. Speziell die Bilder von Hieronymus Bosch und Pieter Bruegel d. Ä. hatten es Philipp angetan.

Auf Wunsch seines Vaters ging er im Sommer 1554 eine zweite Ehe mit der erheblich älteren englischen Königin Maria Tudor ein. Da diese Heirat bei den Engländern weitgehend auf Ablehnung stieß, sah der Ehevertrag für den Habsburger von vornherein keine Regierungsbeteiligung vor. Von den rund vier Ehejahren verbrachte Philipp nur etwas mehr als ein Jahr auf der Insel, auf der er sich nie sehr wohl zu fühlen schien.

Zur Jahreswende 1555/56 trat Karl V. die Regierung in den Niederlanden, in Mailand, in Neapel-Sizilien, in Sardinien, in der Freigrafschaft Burgund und in Spanien samt den überseeischen Kolonien und in Nordafrika an seinen Sohn Philipp II. ab. Der junge Monarch setzte den Krieg seines Vaters gegen Frankreich und den Papst fort. Die mit englischer Unterstützung errungenen Siege über die Franzosen bei Saint-Quentin sowie bei Gravelines mündeten 1559 in den Vertrag von Cateau Cambrésis. Obwohl Spanien zwei Jahre zuvor seinen ersten Staatsbankrott erklären musste, begründete dieser Friedensschluss endgültig die spanische Vormachtstellung in Westeuropa. Philipp hatte jetzt – zumal im Jahr zuvor sein Vater wie auch seine zweite Ehefrau gestorben waren – die Möglichkeit, nach eigenen Vorstellungen regieren zu können. Nach mehrjähriger Abwesenheit kehrte er ein für alle Mal auf die Iberische Halbinsel zurück. Das im Herzen

Kastiliens gelegene Madrid wurde 1561 zu seiner Hauptstadt und zum dauerhaften Herrschaftszentrum seines Weltreichs. Nördlich von Madrid ließ sich Philipp den Escorial errichten, sein wichtigstes und persönlichstes Bauprojekt. Diese 1584 fertiggestellte ausgedehnte Schloss- und Klosteranlage, die zugleich als Mausoleum der spanischen Könige diente, steht nicht nur für die enge Verbindung von Staat und Religion in Philipps Reich, sondern vermittelt auch einen Eindruck von Spaniens Rolle als Weltmacht.

Philipps riesiges Imperium stellte ein schwieriges Erbe dar. Jedes seiner Reiche verfügte über eigene Institutionen und Rechtsordnungen, spezielle politische und wirtschaftliche Probleme, mannigfaltige kulturelle Traditionen und mehr oder weniger ausgeprägte religiöse Unterschiede. Zu den Gegnern gehörten Frankreich, England, die protestantischen Reichsfürsten, die Türken und das Papsttum. Philipps Regierungsprogramm war darauf ausgerichtet, das väterliche Erbe zu bewahren, den katholischen Glauben zu verteidigen und die königliche Autorität nach innen wie nach außen zu behaupten. Anders als Karl V. regierte der menschenscheue Philipp vom Schreibtisch aus. Sein außerordentliches Pflichtbewusstsein zwang ihm dabei ein enormes Arbeitspensum auf. Ein König war nach Philipps Ansicht daher »nichts weiter als ein Sklave, der eine Krone« trägt. Als nachteilig erwies sich seine Neigung, sich mit nebensächlichen Details zu beschäftigen und Entscheidungen erst nach Anhörung zahlreicher Ratgeber meist allein zu treffen. Dies sorgte zusammen mit den langen Übermittlungswegen für erhebliche Verzögerungen und trug zur großen Schwerfälligkeit des Regierungsapparats bei.

In dritter Ehe heiratete Philipp II. die wesentlich jüngere französische Königstochter Elisabeth von Valois. Aus dieser im April 1559 vereinbarten Verbindung stammten die von Philipp besonders geliebten Töchter Isabella Klara Eugenia und Katharina Michaela. Als Elisabeth durch eine Fehlgeburt schon 1568 starb, zog sich der tief getroffene Witwer für zwei Wochen in ein Kloster zurück.

Aus rein dynastischen Gründen ging er mit seiner Nichte Anna von Österreich, einer Tochter Kaiser Maximilians II., im November

1570 eine vierte Ehe ein. Dadurch sollte auch die Allianz zwischen dem österreichischen und dem spanischen Zweig des Hauses Habsburg bekräftigt werden. Die liebenswerte Anna schenkte ihm vier Söhne und eine Tochter, bevor sie sich, erneut schwanger, 1580 bei der Pflege des an der Grippe erkrankten Philipp ansteckte und an den Folgen einer Frühgeburt starb. Der König schloss danach keine weitere Ehe mehr. Als ihn 1597 die Nachricht vom Tod seiner Tochter Katharina erreichte, brach der 70-Jährige zusammen. Er soll so geheult und gebrüllt haben, wie man es bei diesem stets beherrschten Mann nicht erwartet hätte. Von seinen acht Kindern aus vier Ehen überlebten ihn nur seine Tochter Isabella Klara, die ihm wohl unter allen Menschen am nächsten stand, und sein kränklicher Sohn und Erbe Philipp III.

Neben den familiären Schicksalsschlägen musste Philipp II. eine Reihe politischer Niederlagen erleben. Vor allem in den seit den 1560er-Jahren mehrheitlich calvinistisch geprägten nördlichen Provinzen der Niederlande stieß sein autokratischer Regierungsstil auf Ablehnung und führte zum Aufstand. Bereits im Mai 1575 ging Philipp trotz seines rigorosen Einschreitens davon aus, dass der »Verlust der Niederlande [...] so gut wie sicher« sei. Die spanische Vormachtstellung wurde darüber hinaus durch die Erhebung der Morisken in Granada, die Einbuße eines großen Teils der spanischen Stützpunkte in Nordafrika sowie besonders durch den Untergang der spanischen Kriegsflotte im Ärmelkanal erschüttert. Für eine Invasion in England sprachen 1588 nicht nur religiöse, sondern auch politische Gründe; denn Philipp II. lag an einer Beendigung der englischen Unterstützung für die niederländischen Rebellen und an einer Bestrafung der Überfälle englischer Freibeuter auf spanische Schiffe. Angesichts der Zerstörung seiner Armada, der außer der englischen Kriegsflotte hauptsächlich heftige Unwetter zugesetzt hatten, stellte der König resigniert fest: »Ich sandte die Flotte aus gegen Menschen, nicht gegen Wind und Wetter«. Als weitere politische Belastung wirkten sich der Verrat und die Flucht des königlichen Sekretärs Antonio Pérez und der dadurch 1591 ausgelöste Aufstand im unruhigen Aragón aus. Die Staatsbankrotte von 1575 und 1596 verwiesen auf die schwere wirtschaftliche Krise, in der sich Philipps hochverschuldetes Reich infolge der Überspannung seiner Kräfte befand.

Auf der Habenseite konnte der Monarch dagegen 1571 den vor allem für das katholische Europa psychologisch wichtigen, unter spanischer Führung errungenen Seesieg bei Lepanto über die Osmanen verbuchen, wodurch wenigstens eine vorübergehende Bannung der Gefahr erreicht wurde, die in der Expansion der Letzteren gesehen wurde. Mit seiner strikt gegenreformatorisch ausgerichteten Politik sorgte Philipp II. außerdem dafür, dass Frankreich dem Katholizismus erhalten blieb und der scheinbar unaufhaltsame Siegeszug des Protestantismus in Europa insgesamt eingedämmt werden konnte. Indem er 1580 die portugiesische Königskrone an sein Haus brachte, erweiterte er dessen Machtbereich. Die Personalunion zwischen den beiden iberischen Ländern hatte bis 1640 Bestand. Während seine moderne Regierungspraxis auf der Grundlage von Schriftlichkeit und Bürokratie vorbildhaft für Europa wurde, erregten seine religiöse Kompromisslosigkeit und die von ihm gutgeheißene Inquisition, seine Strenge und seine Distanziertheit vielfach Ablehnung und Kritik. In seiner engeren Heimat, in Kastilien, wurden allerdings gerade diese Seiten seiner Herrschaftsausübung positiv wahrgenommen.

Der Gesundheitszustand Philipps, der seit Langem unter Malaria, Arthritis und häufigen Gichtanfällen litt, verschlimmerte sich seit 1592 stetig. Da er sich immer schlechter bewegen konnte, war er zuletzt auf einen speziellen Rollstuhl angewiesen, auf dem er auch schlafen konnte. Sein Tod am 13. September 1598 stellte für ihn eine Erlösung dar. Von seinem Erben Philipp III. versprach sich der König freilich nicht viel, sondern klagte kurz vor seinem Tod: »Ich fürchte, man wird ihn regieren müssen. Gott, der mir so viele Reiche anvertraute, verweigerte mir einen Sohn, der fähig ist, sie zu regieren.«

Maximilian II.

* 1527 in Wien
† 1576 in Regensburg

Römisch-deutscher Kaiser

Unter den durchweg streng katholischen Herrschern des Hauses Habsburg nimmt Kaiser Maximilian II. eine Ausnahmestellung ein, weil er mehr oder weniger offen mit dem Protestantismus sympathisierte, ohne allerdings förmlich mit der alten Kirche zu brechen. Am 31. Juli 1527 als ältester Sohn des späteren Kaisers Ferdinand I. und Anna von Böhmen und Ungarn aus dem Haus Jagiello geboren, erhielt er seinen Namen in Erinnerung an Kaiser Maximilian I., seinen bedeutenden Urgroßvater. Er durchlief eine breitgefächerte Ausbildung und entwickelte sich im humanistisch geprägten Umfeld des väterlichen Hofs zu einem gebildeten, sprachgewandten, kunstsinnigen und liebenswürdigen jungen Mann, der es verstand, unter den deutschen Fürsten Freunde zu gewinnen. Dies unterschied ihn von seinem Vetter Philipp, Kaiser Karls V. einzigem Sohn, den der deutsche Adel nicht mochte. Sein Leben lang interessierte sich Maximilian für die wissenschaftliche und künstlerische Entwicklung seiner Zeit. Als Kaiser hielt er engen Kontakt zu den Gelehrten der Wiener Universität. Unter den Künstlern, die er an seinen Hof band, sind vor allem der Maler Giuseppe Arcimboldo sowie der vielseitige Künstler und Kunstberater Jacopo da Strada zu nennen. Beide Künstler waren schon von seinem Vater nach Wien geholt worden. Sein Plan, den Komponisten Giovanni Pierluigi da Palestrina als Hofkapellmeister zu gewinnen, ließ sich dagegen nicht realisieren. Er führte zwar auch den Ausbau der Wiener Hofburg fort, aber sein Lieblingsprojekt war das am südöstlichen Stadtrand von Wien gelegene Schloss Neugebäude. Dieses als Gesamtkunstwerk angelegte Großvorhaben blieb durch Maximilians frühzeitigen Tod unvollendet.

Die früh bei Maximilian wahrnehmbaren prolutherischen Neigungen versetzten seinen Vater in Unruhe. Zwar stand Ferdinand I. der Reformation, die ihm persönlich fremd blieb, kompromissbereit gegenüber, doch dass sich sein Ältester für deren Gedankengut empfänglich zeigte, missfiel ihm. Um dieser Entwicklung zu begegnen, wurde der junge Erzherzog 1544 zu seinem Onkel Kaiser Karl V. geschickt, den er zunächst nach Brüssel begleitete, um dann an dessen Seite am Schmalkaldischen Krieg teilzunehmen. Auch durch die Heirat mit der Infantin Maria, der ältesten Tochter Karls V., einer strenggläubigen Katholikin, sollte er konfessionell auf Kurs gebracht werden. Der Hauptzweck dieser im September 1548 geschlossenen Verbindung war allerdings, den Zusammenhalt der beiden habsburgischen Linien zu stärken. Aus der Ehe gingen 16 Kinder hervor, von denen neun das Erwachsenenalter erreichten. Zwar gelang es der Infantin nicht, Maximilians protestantische Neigungen einzudämmen, doch immerhin sorgte sie für eine Erziehung der Kinder im katholischen Sinne. Als Vertreterin der Interessen der spanischen Linie fühlte Maria sich offenbar am Wiener Hof nie wirklich heimisch und kehrte als Witwe für immer nach Spanien zurück.

Trotz der zeitweise gemeinsamen Regentschaft mit seiner Gattin in Spanien für den abwesenden Karl V. und dessen Sohn Philipp blieb Maximilian bei seiner religiösen Einstellung. Er war überdies über seine Behandlung verbittert und sah sich in seinen Hoffnungen auf die niederländische Statthalterschaft enttäuscht. Vor allem empörten ihn Karls Pläne über eine alternative Sukzession zwischen den beiden Linien der Habsburger in der Kaiserwürde, die hauptsächlich ihn benachteiligt hätten. Karl V. hatte seinen Sohn Philipp als Nachfolger seines Bruders Ferdinand vorgesehen. Für den mit Philipp gleichaltrigen Maximilian hätte damit kaum eine Chance zur Nachfolge bestanden. Verärgert schrieb er seinem Schwager Albrecht von Bayern: »Mein Vater will es nicht wahrhaben, daß wir von seiner Kayserlichen Hoheit unbrüderlich und unaufrichtig behandelt werden.« Letzten Endes sorgte er zusammen mit seinem Vater durch Verschleppung dafür, dass dieser Plan nicht realisiert werden konnte. Maximilian entwickelte immer mehr eine entschieden antispanische Haltung. Gegenüber dem sächsischen Gesandten Thamm von Sebottendorf ließ er im Frühjahr 1555 verlauten, »er wäre ein Deutscher und wolle es bleiben«. Mit der Niederlage des Kaisers gegen die revoltierenden deutschen Fürsten 1552 und dem Augsburger Religionsfrieden von 1555 scheiterten dessen Überlegungen zur Nachfolgeregelung endgültig.

Die nach wie vor vorhandenen Sympathien Maximilians für die neuen religiösen Strömungen riefen bei Ferdinand I. weiterhin schwere Beunruhigung hervor. Angesichts der Drohungen des Papsts und der spanischen Verwandten warnte er seinen Sohn davor, dass er die Nachfolge im Reich riskiere, wenn er auch künftig bei seinen bedenklichen Überzeugungen bliebe. Die größere Zuneigung des Vaters zu seinem gleichnamigen Sohn Ferdinand verschärfte die Situation noch. Obwohl sie Maximilians religiöse Ansichten keineswegs teilte, stand seine Ehefrau Maria zu ihm. Nachdem ihm die wichtigsten protestantischen Fürsten zum Einlenken geraten hatten, gab er 1562 dem Druck scheinbar nach. Nach außen hin bekannte er sich zur alten Kirche und schirmte seine Religiosität vor der Öffentlichkeit ab. Von spanischer Seite sollte ihm die rein äußerliche Befolgung der katholischen Lehre immer wieder vorgeworfen werden. Dies steigerte Maximilians Abneigung gegen jeglichen religiösen Extremismus.

1562 wurde Maximilian in Frankfurt am Main zum römisch-deutschen König gewählt und gekrönt. Sowohl die katholischen wie auch die protestantischen Kurfürsten zeigten sich über seine religiöse Haltung offenbar beruhigt bzw. hoffnungsfroh. Ebenfalls 1562 erfolgte seine Krönung zum böhmischen König in Prag und im Jahr darauf zum ungarischen König in Pressburg. Als Kaiser Ferdinand I. am 25. Juli 1564 starb, führte die in seinem Testament vorgesehene Aufteilung des Erbes zwischen seinen drei Söhnen zu einer Aufsplitterung des österreichischen Hauses in mehrere Linien. Tirol und die Vorlande gingen an seinen Sohn Ferdinand und Innerösterreich an seinen jüngsten Sohn Karl, während das Erzherzogtum »Österreich ob und unter der Enns« sowie die ungarischen und böhmischen Länder Maximilian II. verblieben.

Nach seinem Regierungsantritt bemühte sich der neue Kaiser um eine Fortsetzung der konfessionellen Ausgleichspolitik des Vaters, allerdings in einem weniger dezidiert katholischen Sinne. Er setzte auf einen durch Zurückhaltung gekennzeichneten Mittelweg, der zu einer friedlichen Wiedervereinigung der Konfessionen führen sollte. Maximilian zeigte sich bestrebt, die Gemeinsamkeiten zwischen den gemäßigten katholischen und lutherischen Vertretern zu betonen. Gegenüber einem päpstlichen Abgesandten erklärte er, dass er »weder Papist noch Evangelist sei, sondern ein Christ«. Er hielt sich strikt an den Augsburger Religionsfrieden von 1555 und wurde zum eigentlichen Bewahrer der in diesem Vertragswerk festgeschriebenen Bikonfessionalität des Reichs. Sein Versuch, den Calvinismus davon auszuschließen und damit eine weitere Aufsplitterung der Konfessionen zu verhindern, scheiterte 1566. Der voranschreitende Konfessionalisierungsprozess war bereits über seine religionspolitischen Vorstellungen hinweggegangen.

In den österreichischen Erblanden sah sich Maximilian II. als Landesfürst einem in der Mehrzahl protestantisch geprägten Adel gegenüber, der in Anbetracht der durch die Türkenkriege verursachten Finanznot des Kaisers und dank dessen notwendiger Rücksichtnahme auf die Protestanten im Reich über eine starke Stellung verfügte und Forderungen erhob. Maximilian war daher genötigt, in der Religionsfrage nachzugeben. 1568 stellte er dem Adel zur Empörung des Papsts und Philipps II. von Spanien die Ausübung der Augsburger Konfession frei. Mit der Religionsassekuration vom Januar 1571 kam er dem Adel am weitesten entgegen. Den landesfürstlichen Städten gewährte er dagegen keine Religionsfreiheit. Der von hussitischer Tradition bestimmten evangelischen Konfessionsbildung in den böhmischen Ländern begegnete Maximilian mit Skepsis, gestand dem dortigen Adel aber 1575 trotzdem Religionsfreiheit zu. In Ungarn, das keine konfessionelle Einheit kannte, bestand für die privilegierten Schichten des Adels und des Bürgertums de facto Religionsfreiheit.

Maximilian II. trachtete danach, das Reich unter allen Umständen aus einem Religionskonflikt herauszuhalten. Besonders die Niederlande entwickelten sich zu einem gefährlichen Krisenherd, als die protestantischen nördlichen Provinzen gegen die spanische Herrschaft rebellierten. Maximilian lehnte zwar die harte spanische Politik ab, doch einen Bruch mit seinem streng katholischen Vetter Philipp II., bei dem seine Vermittlungsversuche und Appelle zur Mäßigung auf brüske Abweisung stießen, wollte er vermeiden. Um den Konflikt zu neutralisieren, untersagte er Truppenwerbungen im Reich. Trotz dieser Differenzen heiratete Philipp 1570 Maximilians Lieblingstochter Anna, um den Zusammenhalt der Habsburger zu festigen. 1572/73 versuchte Maximilian seine ungarisch-böhmische Position durch den Erwerb der polnischen Königskrone zu stärken, wobei ihn der Papst und Philipp II. unterstützten. Nachdem er zunächst mit seiner Kandidatur keinen Erfolg hatte, kam es 1575 bei seiner erneuten Bewerbung zu einer Doppelwahl. Bevor daraus eine militärische Auseinandersetzung entstehen konnte, starb Maximilian. Er hatte schon seit Längerem an einer Herzkrankheit und Gichtschüben gelitten.

1575 erreichte Maximilian noch mittels geschickten Lavierens die Wahl seines entschieden katholischen Sohnes Rudolf zu seinem Nachfolger im Heiligen Römischen Reich Deutscher Nation. Im Jahr darauf reiste er trotz labiler Gesundheit zum Reichstag nach Regensburg, um von den Reichsständen eine ausreichende Türkensteuer für den Kampf gegen die Osmanen bewilligt zu bekommen. Rasch verschlechterte sich sein Befinden, und am 12. Oktober 1576 starb er. Obwohl er bereits in der letzten Zeit nicht mehr auf die religiösen Ermahnungen seiner Angehörigen eingegangen war, wurde er auf dem Sterbebett erneut bedrängt, sich öffentlich zum römisch-katholischen Glauben zu bekennen. Maximilian II. verweigerte aber strikt den Empfang der Sterbesakramente und blieb bei dem von ihm eingeschlagenen religiösen Weg. Dank seiner Toleranz und seiner ebenso pragmatischen wie konzilianten Politik hatte er dem Heiligen Römischen Reich vor dem Hintergrund wachsender konfessionspolitischer Zuspitzung nochmals eine Zeit der Stabilität und des Friedens beschert.

Rudolf II.

* 1552 in Wien
† 1612 in Prag

Römisch-deutscher Kaiser

Kaiser Rudolf II., der als eine besonders rätselhafte Persönlichkeit unter den Habsburgern gilt, erblickte am 18. Juli 1552 als ältester Sohn des späteren Kaisers Maximilian II. und der spanischen Infantin Maria das Licht der Welt. Als Elfjähriger wurde er zusammen mit seinem nächstältesten Bruder Ernst auf Wunsch seines Onkels, des Königs Philipp II. von Spanien, an dessen von »ketzerischem« Gedankengut freien Hof geschickt. Philipp II. hegte erhebliche Zweifel an der wahren Katholizität von Rudolfs Vater, dessen protestantische Neigungen und ausgleichende Haltung in konfessionellen Fragen bei dem spanischen König auf geringe Gegenliebe stießen. Außerdem sollte so der Zusammenhalt zwischen dem spanischen und dem österreichischen Zweig des Hauses Habsburg gestärkt werden. Dank der gemeinsam in Spanien verbrachten Jahre stand Erzherzog Ernst immer loyal zu Rudolf und blieb bis zu seinem Tod 1595 der einzige Bruder, mit dem sich dieser gut verstand.

1571 kehrten die beiden Brüder an den väterlichen Hof zurück, wo die ihnen in Spanien vermittelte stolze Unnahbarkeit und steife Würde wenig Begeisterung auslösten. Um eine reibungslose Thronfolge zu sichern, wurde Rudolf auf Betreiben seines herzkranken Vaters schon im Oktober 1572 ungarischer und im September 1575 böhmischer König. Kaiser Maximilian II. erreichte darüber hinaus, dass sein ältester Sohn 1575 zu seinem Nachfolger im Heiligen Römischen Reich Deutscher Nation gewählt wurde.

Nach dem Tod des Vaters im Oktober 1576 erhielten Rudolfs jüngere Brüder gemäß der durch Maximilian II. getroffenen Erbregelung kein Anrecht auf ein eigenes Territorium, sondern nur relativ bescheidene Jahresgelder ausgesetzt. Hierin ist wohl der eigentliche Grund für die späteren schweren Auseinandersetzungen zu suchen, die durch das 1848 entstandene Drama des berühmten österreichischen Dichters Franz Grillparzer, *Ein Bruderzwist in Habsburg*, auch in die Literaturgeschichte eingingen. Der äußerst ehrgeizige Matthias, der fünf Jahre jünger als Rudolf war und nach Herrschaft und politischem Einfluss strebte, wollte sich nicht mit dem Dasein eines apanagierten Erzherzogs abfinden.

Ab 1583 residierte Rudolf II. beinahe ausschließlich auf dem Hradschin, dem Prager Burgberg, wo er in der dortigen riesigen Palastanlage ein zurückgezogenes Leben führte. Die böhmische Hauptstadt gehörte um 1600 zu den größten Städten Europas und stieg während seiner Regentschaft wieder zu einem bedeutenden politischen und kulturellen Zentrum auf. Zwar war Rudolf ein hochgebildeter Herrscher, doch seine Unbeständigkeit sorgte für Probleme. Er neigte dazu, willkürlich verschiedene Ratgeber zu begünstigen, was einer erfolgreichen Regierungstätigkeit nicht förderlich war. Sein misstrauischer und verschlossener Charakter wirkte sich ebenfalls negativ aus. Geprägt von seiner Jugend in Spanien bevorzugte Rudolf nicht nur die dortige Hoftracht, sondern richtete sich auch sein Leben lang nach der steifen Etikette des spanischen Hofzeremoniells, dessen striktes Regelwerk einen Schutzwall vor der Außenwelt bot. 1607 stellte der venezianische Gesandte Francesco Soranzo fest: »In seinem Auftreten lag nichts von einem herrischen Wesen; er benahm sich vielmehr scheu und etwas furchtsam, mied jede lärmende Gesellschaft und schien überhaupt keinen Teil an gewöhnlichen Vergnügungen nehmen zu können; Scherze waren ihm unlieb und lachen sah man ihn nur äußerst selten«. Hatte Rudolf nach seiner Rückkehr aus Spanien noch einen gewissen gegenreformatorischen Elan an den Tag gelegt, nahm er später wie sein Vater gegenüber konfessionellen Fragen eine eher unbestimmte Haltung ein. Es wurde überdies behauptet, er habe seit ungefähr 1600 jegliche persönliche Religionsausübung unterlassen. Seine Stimmungsschwankungen zwischen Wutanfällen und Melancholie erweckten immer mehr den Eindruck von geistiger Umnachtung. Wenn er sich in depressiven Phasen befand, verzögerte sich die Abwicklung wichtiger Staatsgeschäfte. Mehrfach durchlebte er schwere körperlich-geistige Krisen, die am 15. Oktober 1600 sogar in einem Selbstmordversuch gipfelten. Vermutlich litt Rudolf unter einer erblichen Geisteskrankheit, die ihn ab 1606 regierungsunfähig werden ließ.

Während Rudolf als Herrscher und Staatsmann keine sehr glückliche Hand hatte, erlangte er als Schutzherr der Künste und Wissenschaften Nachruhm. Er verfügte über ein ausgeprägtes Kunstverständnis und entwickelte sich zu einem der berühmtesten Kunstmäzene seines Hauses. An seinem Prager Hof versammelte der Kaiser viele namhafte Künstler und Kunsthandwerker aus ganz Europa. Systematisch erwarb er herausragende Gemälde von Dürer, Pieter Bruegel d. Ä., Tizian, Correggio und Parmigianino. Neben einer großen Münzsammlung trug er auch Juwelen, kunsthandwerkliche Meisterwerke, Uhren, Automaten und Raritäten aller Art zusammen. Die 1602 in seinem Auftrag angefertigte prachtvolle Hauskrone, die Rudolfskrone, wurde 1804 zur Krone des neu geschaffenen Kaiserreichs Österreich. Weniger Bedeutung für Rudolf besaßen Architektur, Musik und Literatur. Ein hervorragender Platz kam hingegen der Wissenschaftspflege zu. Vielseitig interessiert förderte er zahlreiche renommierte Gelehrte wie etwa Johannes Kepler, Tycho Brahe und Thaddeus Hajek, wobei er der Konfession kein übermäßiges Gewicht zumaß. Nicht so günstig wirkte sich seine Vorliebe für Magie und Okkultes aus, da dies dazu führte, dass auch haufenweise Scharlatane seinen Hof bevölkerten.

Die erste Hälfte seiner Regierungszeit verlief in weitgehend ruhigen Bahnen. Um 1600 nahmen jedoch Rudolfs politische Aktivitäten immer mehr ab. Es betraf dies sowohl seine Stellung innerhalb des Heiligen Römischen Reichs als auch die im Osten gegenüber den Osmanen. Eine ähnliche Entwicklung setzte in den Territorien der habsburgischen Hausmacht ein. Hatten sich zunächst seine Beziehungen zu den Ländern der böhmischen Wenzelskrone vertieft, zeichneten sich seit der Jahrhundertwende hier ebenfalls Veränderungen ab. In Ungarn musste er auf seine siebenbürgischen Ansprüche verzichten und nach einem protestantischen Aufstand 1604 weitreichende politische und religiöse Zugeständnisse einräumen. Der seit 1592 geführte »Lange Türkenkrieg«, der mit hohen Kosten verbunden war, endete 1606 wenig ruhmreich.

Obwohl Rudolf II. weiblicher Gesellschaft keineswegs abgeneigt war – er hatte illegitime Kinder von mehreren Mätressen –, ging er keine standesgemäße Ehe ein. Dass er Junggeselle blieb, schwächte seine Position innerhalb des habsburgischen Familienverbands. Seine für ihn arrangierte Verlobung mit der Infantin Isabella Klara Eugenia, König Philipps II. Lieblingstochter, wurde nach 20 Jahren aufgelöst. Ähnlich unbefriedigend verliefen die anderen für ihn angedachten Eheverbindungen, weil sich Rudolf nie zu einem Entschluss durchringen konnte. Die Frage seiner Nachfolge entwickelte sich zunehmend zu einem Problem, zumal er keinerlei Bereitschaft zeigte, mit seiner Familie darüber zu einer Einigung zu kommen. Da vor allem sein Bruder Matthias immer ungeduldiger auf die Regelung der Nachfolge drängte und dabei von den meisten Erzherzögen unterstützt wurde, richtete sich Rudolfs Misstrauen besonders gegen ihn.

Seit der Konferenz von Schottwien in Niederösterreich im Jahr 1600, bei der sich Erzherzog Matthias und führende Mitglieder des Hauses Habsburg trafen, um erste Schritte gegen Rudolf einzuleiten, kam es zu weiteren geheimen Zusammenkünften. Mit dem »seltsamen und ungleichen Prager Regiment« waren sie nicht einverstanden. Schließlich bestimmten die Erzherzöge im Wiener Vertrag vom 25. April 1606 Matthias zum Oberhaupt des Hauses. Ihm wurde ihre volle Rückendeckung bei Verhandlungen mit anderen Fürsten und bei der etwaigen Kaiserwahl zugesichert. Abgesichert durch diesen Vertrag konnte sich Matthias auch die Zustimmung der spanischen Linie des Hauses Habsburg für die geplante Absetzung von Rudolf sichern. In Zusammenarbeit mit den ungarischen, österreichischen und mährischen Ständen gelang es Matthias, seinen Bruder Rudolf nachhaltig zu entmachten. Für diese Mitwirkung musste er im Gegenzug den Ständen religiöse Zugeständnisse gewähren. Um seinen Forderungen mehr Nachdruck zu verleihen, rückte Matthias mit Truppen in Böhmen ein, wodurch Rudolf II. gezwungen war, ihm entgegenzukommen. Im Vertrag von Lieben vom 25. Juni 1608 musste er dem Bruder Ungarn, die Herrschaft in Ober- und Niederösterreich sowie in Mähren überlassen. Zudem erhielt Matthias die Garantie der Nachfolge in Böhmen. Rudolf verblieben bloß das Königreich Böhmen, das Herzogtum Schlesien, die beiden Lausitzen und die römisch-deutsche Kaiserwürde. Für ihr Verbleiben auf seiner Seite ließen sich die Stände Böhmens bzw. Schlesiens in sogenannten »Majestätsbriefen« 1609 von Rudolf Religionsfreiheit zusichern.

Der brüderliche Machtkampf ging weiter. Der Kaiser wollte seine verlorenen Lande mittels Waffengewalt zurückgewinnen. Als »Todesstoß« für seine ihm noch verbliebene Machtposition erwies es sich allerdings, dass er 1611 dem Einfall der Truppen des Passauer Bischofs, seines Cousins Erzherzog Leopold, der sich auf seine Seite geschlagen hatte, in Böhmen Vorschub leistete. Die böhmischen Stände wechselten daraufhin in das gegnerische Lager. Das unglückselige Unternehmen endete mit Rudolfs Abdankung als König von Böhmen zugunsten von Matthias. Ihm blieben nur die Kaiserwürde, eine leere Hülse ohne eigentliche Macht, und die in zähem Feilschen mit Matthias ausgehandelte Apanage. Die letzten Monate seines Lebens fristete der bereits vom Tode gezeichnete Rudolf als machtloser Schattenkaiser im Hradschin, den man ihm als Wohnsitz belassen hatte. Aufrecht hielt ihn lediglich sein vom Hass beflügelter Wille, mit allen Mitteln die Wahl seines Bruders zum römisch-deutschen König zu verhindern. Am 20. Januar 1612 erlöste ihn der Tod, der ihm willkommen war: »Warum soll ich mich jetzt nicht viel mehr freuen, in die himmlische Heimat zu reisen, wo keine Trennung, keine Verwandlung und kein Unbill mehr eintreten können?« Wie schon sein Vater lehnte er es ab, die Sterbesakramente zu empfangen. Der habsburgische Bruderzwist war nun endgültig beendet, aber Kaiser Matthias sollte mit all seinen Würden und Ämtern nicht sonderlich glücklich werden.

Anna

* 1601 in Valladolid
† 1666 in Paris

Königin von Frankreich

Als die französische Königinmutter Anna, die zwischen 1643 und 1651 für ihren minderjährigen Sohn Ludwig XIV. als Regentin des Königreichs Frankreich agiert hatte, am 20. Januar 1666 starb, urteilten die Bourbonen und Habsburger sehr unterschiedlich über die Verstorbene. König Ludwig XIV. von Frankreich verehrte seine ihm innig verbundene Mutter als starke und vorbildhafte Herrscherpersönlichkeit. Voll Bewunderung erklärte er: »Sie verdient, unter die größten Könige unseres Landes gereiht zu werden«. Weniger Anerkennung brachte ihr ihre habsburgische Herkunftsfamilie entgegen, hatte sie doch während ihrer Regentschaft eine ganz auf französische Belange eingestellte Politik betrieben und damit klar gegen die Interessen ihrer Verwandten gehandelt.

Die am 22. September 1601 geborene Anna war das älteste Kind König Philipps III. von Spanien und Margaretes von Österreich. Sie bekam die für eine spanische Infantin übliche streng katholisch ausgerichtete Erziehung. Obwohl sie 1612 mit dem gleichaltrigen französischen König Ludwig XIII. verlobt wurde, erhielt sie darüber hinaus bloß eine ungenügende Vorbereitung auf ihre künftige Rolle als Königin von Frankreich. Zwar ging Philipp III. von der Erwartung aus, dass seine Tochter die französische Politik in seinem Sinne beeinflussen sollte, aber ihr wurde trotzdem keinerlei Einblick in die aktuelle politische Lage in Frankreich vermittelt. Anna war 14 Jahre alt, als im November 1615 ihre Vermählung mit dem französischen König stattfand. Im Gegenzug heiratete ihr ältester Bruder Philipp die jüngere Schwester Ludwigs XIII., Elisabeth von Bourbon. Mit dieser Doppelhochzeit sollte die Annäherung von Frankreich und Spanien gefestigt werden.

Nicht allein wegen großer charakterlicher Unterschiede der beiden Ehepartner stand die Ehe von Anna und Ludwig XIII. von Anfang an unter keinem guten Stern. Selbst nach Abschluss der Pubertät zeigte der französische Monarch kaum Interesse für das weibliche Geschlecht. Seiner Gattin brachte er meistenteils nur Widerwillen entgegen. Für gewöhnlich stand die Königin im Schatten seiner Favoriten, was den unberechenbaren König nicht daran hinderte, jeden ihrer Schritte eifersüchtig überwachen zu lassen. Ihre Bemühungen, sein Wohlwollen zu gewinnen, waren nicht von Erfolg gekrönt. Von ihrer Schwiegermutter hatte Anna keine Unterstützung zu erwarten; denn diese besaß kein Interesse daran, ihre eigene Machtstellung zugunsten der Schwiegertochter zu beschränken. Die junge Königin, die am väterlichen Hof von Zuneigung und Liebe umgeben gewesen war, vereinsamte. »Ich bin die verlassenste und unglücklichste Frau der Welt«, klagte sie. Zur großen Verärgerung Ludwigs XIII. wurden seiner schönen Frau Affären mit dem Herzog Henri II. von Montmorency und dem gutaussehenden und eleganten George Villiers, Herzog von Buckingham, nachgesagt. Es dürfte sich dabei um reine Unterstellungen gehandelt haben, da die Königin ständig einer strengen sozialen Kontrolle unterlag und so gut wie nie allein war. Buckingham gefährdete durch sein unbesonnenes Verhalten, das eher zu einem Romanhelden denn zu einem Diplomaten und Staatsmann passte, den Ruf der von ihm angebeteten Königin. Mit seinen kompromittierenden Avancen und öffentlichen Liebesschwüren sorgte der Engländer für einen handfesten Skandal. Die Ereignisse rund um diese Liebelei verarbeitete Alexandre Dumas d. Ä. in den 1840er-Jahren in seinem Romanklassiker *Die drei Musketiere*.

Nach mehreren Fehlgeburten Annas musste das französische Königspaar die Hoffnung auf einen Thronfolger fast aufgeben. Ludwig strafte seine Gemahlin dafür mit eisiger Nichtachtung. Neben ihrer machtbesessenen Schwiegermutter Maria de' Medici gehörte vor allem Armand Jean du Plessis, der Herzog von Richelieu, zu Annas Gegnern bei Hof. Der 1624 von Ludwig XIII. zum Ersten Minister ernannte einflussreiche Kardinal verstand es, die auf ihre Abstammung stolze Königin immer wieder zu demütigen. Mit Entsetzen reagierte die fromme Habsburgerin, als sich Richelieu 1635 dafür entschied, im Dreißigjährigen Krieg aktiv zugunsten der protestantischen Fürsten einzugreifen, um die habsburgische Vormachtstellung in Europa zu brechen. Die leichtsinnige Königin, die sich bereits früher mehr oder weniger offen in verschiedene Komplotte gegen den Minister, den sie verabscheute, hatte hineinziehen lassen, sah sich 1637 dem Vorwurf des Verrats ausgesetzt. Anna wurde beschuldigt, ihren Brüdern, König Philipp IV. von Spanien und dem Kardinalinfanten Ferdinand, brieflich wichtige Informationen zum Nachteil Frankreichs zugespielt zu haben. Als Äquivalent für die Vergebung ihres Gatten musste sie versprechen, »nie wieder in dergleichen Fehler zu verfallen und fortan mit dem König zu leben [...] wie eine Frau, die keine anderen Interessen hat als diejenigen Seiner Person und des Staates«. Außerdem wurde sie dazu verpflichtet, die ihr von Ludwig XIII. auferlegten Verhaltensregeln genauestens zu befolgen.

Annas unsichere Position am französischen Königshof änderte sich schlagartig, als sie wieder schwanger wurde. Wegen eines starken Unwetters musste König Ludwig XIII. im Dezember 1637 unerwartet im Pariser Louvre übernachten. Da zu diesem Zeitpunkt das Schlafzimmer seiner Gattin das einzige beheizte und möblierte königliche Schlafgemach im Schloss war, sah sich der König gezwungen, die Nacht bei seiner Frau zu verbringen. Am 5. September 1638 brachte die Königin ihr erstes gesundes Kind, den späteren König Ludwig XIV., zur Welt. Dieser Sohn erlöste sie aus ihrer jahrelangen emotionalen Leere, weshalb sie ihm zeitlebens sehr nahestand. Bis zu ihrem Tod trug sie als Zeichen ihrer großen Verbundenheit mit ihrem Erstgeborenen ein aus seinen Kinderlocken gefertigtes Armband. Anna musste nun nicht mehr befürchten, wegen Unfruchtbarkeit in ein Kloster abgeschoben zu werden. Wenn auch ihre Stellung jetzt durch die Geburt des Thronerben gesichert war, durfte sie trotzdem weder an den Ratssitzungen teilnehmen noch bei der Auswahl des Personals für den Dauphin mitreden. Zwei Jahre später konnte die Thronfolge durch die Geburt ihres Sohnes Philipp am 21. September 1640 endgültig als gesichert gelten. Beide Söhne verbrachten, was ungewöhnlich für damalige Königskinder war, regelmäßig viel Zeit bei ihrer Mutter.

Angesichts seiner sich rapide verschlechternden Krankheit bestimmte Ludwig XIII. testamentarisch, dass seine von ihm verachtete Gattin zwar den Titel einer Regentin bekommen, die eigentliche Macht aber von einem Regentschaftsrat ausgeübt werden sollte. Er argwöhnte, dass seine Frau sonst zugunsten der Habsburger die Erfolge der Politik des vor Kurzem verstorbenen Richelieus zunichtemachen würde. Der Tod ihres Mannes am 14. Mai 1643 stellte für Anna sicherlich eine Befreiung dar. Gleichwohl soll sie ihrer Hofdame Françoise Bertaut de Motteville anvertraut haben, dass es ihr beim Tod ihres Mannes zumute war, »als würde ihr das Herz aus dem Leibe gerissen«. Zur Überraschung aller erwies sich die königliche Witwe als gewiefte, zu allem entschlossene Politikerin. Sie sorgte umgehend dafür, dass die Einschränkungen ihrer Regentschaft annulliert wurden. Sie behielt den noch von Ludwig XIII. als Nachfolger Richelieus eingesetzten Kardinal Jules Mazarin als Ersten Minister.

Bereits mit ihren ersten politischen Entscheidungen erregte die Regentin Aufsehen; denn statt wie erwartet mit Spanien und Österreich Frieden zu schließen, führte sie den Krieg weiter und lehnte jeden Ausgleich ab. Die bisherigen Alliierten Frankreichs – Schweden, die deutschen protestantischen Fürsten und die Republik der Vereinigten Niederlande – konnten auch künftig auf dessen Bündnistreue zählen. Generell agierte sie in den Jahren ihrer Regentschaft ausschließlich im Sinne der französischen Interessen, wodurch sie sich von den meisten anderen Mitgliedern der habsburgischen Dynastie unterschied, die stets das Wohl ihres Hauses im Auge behielten. Anna, die von dem starken Willen getrieben wurde, ihrem ältesten Sohn die Krone Frankreichs zu erhalten und ihm sein Reich ungeschmälert zu übergeben, setzte sich über die ihr anerzogenen verwandtschaftlichen Loyalitäten hinweg. Nüchtern vermerkte François de Marsillac, Herzog von La Rochefoucauld: »Königin Anna stellte alle Interessen gegen die des Staates zurück.« Innenpolitisch wurden sie und der in der

Bevölkerung verhasste Kardinal Mazarin wegen der von ihnen vertretenen absolutistischen Politik mit Aufständen konfrontiert. Im Sommer 1648 nahm die sogenannte Fronde in Paris ihren Anfang. Mit Unterstützung durch den Hochadel und das Pariser Parlament lehnte sich das einfache Volk gegen den Krieg und die immer drückendere Steuerlast auf. Die Regentin und ihre beiden Söhne lebten bis zum Scheitern der Erhebung 1653 in ständiger Bedrohung. Offiziell endete zwar Annas Regentschaft 1651, als der 13-jährige Ludwig XIV. für volljährig erklärt wurde. De facto übte sie aber weiterhin gemeinsam mit Mazarin die Macht aus. Obwohl Anna den Kardinal 1651 auf Druck der Frondeure entlassen musste, zeigte sie keine Furcht, sondern verteidigte erfolgreich die absolute Monarchie und bereitete damit ihrem Sohn den Weg. Mit ihrer Politik befolgte sie so Richelieus politisches Credo: »Die Partei der Hugenotten schlagen, den Hochmut der Großen beschämen, alle Untertanen zwingen, ihren Pflichten nachzukommen, und den ausländischen Nationen Respekt vor dem Namen des Königs auferlegen.«

Nach Mazarins Rückkehr als Erster Minister 1653 überließ Anna ihm die politische Bühne. Im Laufe der Jahre war eine tiefe Zuneigung zwischen ihr und dem gutaussehenden und charmanten Kardinal entstanden, weshalb es Gerüchte über eine heimliche Eheschließung gab. Als Krönung ihres Lebenswerks sah sie die Heirat ihres Lieblings Ludwig im Juni 1660 mit der Tochter ihres Bruders König Philipp IV., der Infantin Maria Teresa, die einen endgültigen Frieden zwischen Spanien und Frankreich besiegeln sollte. Ab 1661 führte Ludwig XIV. die Regierungsgeschäfte selbst, nachdem Kardinal Mazarin im März verstorben war. Die Königinmutter trat den Rückzug aus dem Staatsrat an und verbrachte ihre letzten Lebensjahre abseits des Hofs, meist in ihrem geliebten Kloster Val-de-Grâce. Nach längerem und qualvollem Leiden an Brustkrebs starb Anna am 20. Januar 1666.

Philipp IV./III.

* 1605 in Valladolid
† 1665 in Madrid

König von Spanien und Portugal

Die große kulturelle Blüte Spaniens während der Regierungszeit Philipps IV., der als Philipp III. auch als letzter Habsburger in Portugal herrschte, rechtfertigte zwar den ihm von Zeitgenossen verliehenen, schmeichelhaften Beinamen »Planetenkönig«, doch konnte all ihr Glanz nicht verbergen, dass es zugleich eine Zeit des Niedergangs in Spanien war, die von außenpolitischen Rückschlägen sowie von wirtschaftlichen und gesellschaftlichen Krisen geprägt war. Diese negative Entwicklung ist allerdings nicht in der Persönlichkeit des angeblich indolenten Monarchen begründet, wie dies lange die vorherrschende Meinung in der Geschichtsschreibung war. Der am 8. April 1605 als Sohn König Philipps III. und der österreichischen Erzherzogin Margarete geborene Philipp IV. war ein integrer und geistig hochbegabter Mann, der sich anders als sein politisch desinteressierter und passiv agierender Vater täglich seinen Herrscherpflichten widmete und ganz wesentlich die politischen Entscheidungsprozesse mitsteuerte. Philipp wies etwa in dem 1632 oder 1633 von ihm verfassten Epilog zu seiner Übersetzung der bedeutenden *Storia d'Italia* (Geschichte Italiens) von Francesco Guicciardini eigens daraufhin, dass er dafür »nicht einen Moment meiner Stunden für die Arbeit an den Angelegenheiten dieser Monarchie und den Verpflichtungen meines Amtes« verwendet habe.

Schon im zarten Alter von zehn Jahren wurde Philipp am 18. Oktober 1615 mit der noch nicht zwölf Jahre alten französischen Prinzessin Elisabeth, der ältesten Tochter des Bourbonenkönigs Heinrich IV., verheiratet. Vollzogen wurde die Ehe aber erst fünf Jahre später. Von den sieben Kindern des Paares überlebten nur der Sohn Balthasar Carlos und die Tochter Maria Teresa das kritische Kindesalter. Da er seiner Ehefrau Elisabeth große Zuneigung entgegengebracht hatte, war Philipp IV. nach ihrem Tod im Jahr 1644 zu keiner neuen Heirat bereit. Als jedoch Erbprinz Balthasar Carlos im März 1646 starb, ging der König am 8. November 1649 im Staatsinteresse eine zweite Ehe mit seiner fast 30 Jahre jüngeren Nichte Erzherzogin Maria Anna ein, weil er dringend einen Thronerben benötigte. Ursprünglich war die Tochter Kaiser Ferdinands III. als Braut für Balthasar Carlos vorgesehen gewesen. Von den fünf Kindern aus dieser zweiten Ehe erreichten bloß die Tochter Margarita Teresa und der Sohn Karl das Erwachsenenalter. Aus seinen unehelichen Verbindungen hatte Philipp dagegen zahlreiche Nachkommen, von denen er lediglich seinen Sohn Juan José de Austria anerkannte. Dieser illegitime Spross entstammte der Beziehung des Königs mit der Schauspielerin María Calderón.

Als Philipp IV. im März 1621 nach dem Tod seines Vaters den Thron bestieg, hatte das spanische Weltreich bereits seinen Höhepunkt überschritten. Philipps Auffassung von seinem Herrscheramt war fest in der katholischen Ethik und Morallehre seiner Zeit verankert, weshalb er immerfort nach einer moralisch-theologischen Legitimität für sein politisches Handeln strebte. Wie schon sein Großvater Philipp II., den er als Vorbild ansah, betrachtete sich der fromme König als erster Verteidiger und Schutzherr des katholischen Glaubens. Sein von ihm verfolgtes Ziel, Spanien in einen Zentralstaat umzuwandeln und die Sonderrechte der einzelnen Teilreiche abzubauen, ließ sich allerdings im Endeffekt ebenso wenig verwirklichen wie sein ehrgeiziger Plan, dass Spanien in der europäischen Politik wieder das Gesetz des Handelns an sich ziehen sollte. Bei der Umsetzung seiner Vorhaben stützte er sich lange Zeit auf seinen leitenden Minister Don Gaspar de Guzmán, Conde-Duque de Olivares. Diesen erfahrenen und fähigen Politiker kannte Philipp IV. bereits aus seinen Kindertagen und stand deshalb in einem besonderen Vertrauensverhältnis zu ihm. Gegen den scheinbar allmächtigen Olivares mit seinem autokratischen Führungsstil bildete sich schließlich eine so einflussreiche Oppositionsbewegung, dass sich Philipp Anfang 1643 genötigt sah, seinen Premierminister zu entlassen und ins Exil zu schicken. Nichtsdestotrotz führte der König die bisher betriebene Großmachtpolitik unbeirrt fort, aber er achtete jetzt darauf, keinen zu großen Machtzuwachs bei einer bestimmten Person oder Gruppe zuzulassen.

Um die spanische Vormachtstellung in Europa aufrechtzuerhalten, nahm Philipp IV., der die väterliche Friedenspolitik als ein Eingeständnis von Schwäche wertete, den seit dem Abschluss des Waffenstillstands von 1609 unterbrochenen Krieg gegen die niederländischen Generalstaaten wieder auf. Mit den noch im Jahr seiner Thronbesteigung beginnenden Feindseligkeiten gegen die abtrünnigen Provinzen, die 1581 ihre Unabhängigkeit von Spanien erklärt hatten, setzte eine Folge von schier unendlichen Kriegen ein, die seit 1628 in Niederlagen endeten. Das anfänglich freundliche Verhältnis zu England verschlechterte sich nach 1625 und gipfelte zuletzt in einen jahrelangen Seekrieg. Als wichtigster außenpolitischer Kontrahent Spaniens trat jedoch das benachbarte Frankreich auf den Plan, das ihm seine Rolle als Weltmacht streitig machte. Nach der Kriegserklärung von 1635 trug Frankreich im Bündnis mit Holland, Schweden und dem Herzogtum Savoyen die militärischen Auseinandersetzungen auch nach Spanien hinein. Das Jahr 1640 stellte den politischen Tiefpunkt in Philipps Regierungszeit dar, als sich zunächst die Katalanen wegen der drückenden Kriegslasten gegen die Krone erhoben, bevor ihnen einige Monate später die Portugiesen folgten. Sie wollten die ungeliebte, seit 1580 bestehende Vereinigung der portugiesischen und kastilischen Krone beenden und proklamierten den Herzog von Braganza als Johann IV. zu ihrem neuen König. In den kommenden Jahren gab es in Andalusien, Neapel, Sizilien und Aragón weitere Revolten und Unruhen, die zeitweise das spanische Reich ins Wanken brachten.

Im Verlauf der Vierzigerjahre schien sich die Lage vorübergehend zugunsten Philipps zu konsolidieren, doch wirklich entscheidende Fortschritte konnten nicht erzielt werden. Es gelang zwar, die Aufständischen in Katalonien nach zwölf Jahren zu unterwerfen, aber die Abspaltung Portugals musste Philipp IV.

letztlich trotz Anspannung aller Kraftreserven gegen Ende seines Lebens resigniert hinnehmen. Seine Witwe, die Regentin Maria Anna, erkannte im Februar 1668 die Unabhängigkeit Portugals offiziell an. Im Haager Frieden von 1648 hatte Spanien bereits die Unabhängigkeit der Generalstaaten endgültig akzeptieren müssen. Der Krieg mit Frankreich gelangte 1659 mit dem Pyrenäenfrieden zum Abschluss, der das Ende der spanischen Hegemonialstellung besiegelte und territoriale Zugeständnisse an Frankreich beinhaltete. Um diesem Frieden Dauer zu verleihen, wurde eine Heirat zwischen Philipps Tochter Maria Teresa und König Ludwig XIV. verabredet. Die so angebahnte Aussöhnung zwischen Spanien und Frankreich hatte kaum Bestand; denn schon bald nach Philipps Tod setzte Ludwig XIV. die Reihe der spanisch-französischen Kriege fort, indem er den Verzicht seiner Gattin Maria Teresa auf die spanische Thronfolge wegen Unregelmäßigkeiten bei der Zahlung der hohen vereinbarten Mitgift für nichtig erklärte.

Durch den absoluten Vorrang der Großmachtpolitik über die Finanz- und Innenpolitik wurden nicht nur die menschlichen Ressourcen Spaniens nahezu restlos erschöpft, sondern die ständigen Kriege und die damit verbundene Kriegswirtschaft ruinierten auch den Staatshaushalt. Katastrophale Ernten, Epidemien und das Sinken der Einkünfte aus den überseeischen Kolonien setzten dem spanischen Weltreich zusätzlich zu. Unablässig wurde an der Steuerschraube gedreht und finanzpolitischer Raubbau betrieben. Auch das Königshaus sah sich zur Veräußerung von Hoheitsrechten und Krongut veranlasst. 1627 musste der erste Staatsbankrott verkündet werden, bevor 1647 und 1652 die nächsten folgten.

Während er auf politischem Gebiet viele Rückschläge hinnehmen musste, erwarb sich Philipp IV. im kulturellen Bereich unbestrittene Verdienste. Der König, der neben Katalanisch auch Portugiesisch, Italienisch und Französisch beherrschte, begeisterte sich nicht nur für Literatur und hinterließ eine Bibliothek mit 2234 Bänden, sondern er wurde auf diesem Sektor auch selbst aktiv. Auf musikalischem Gebiet bewies er ebenso künstlerisches Talent. So komponierte er etwa 1636 eine Arie, die nach der Aussage des toskanischen Gesandten »nicht bloß Laien gefiel, sondern auch von den Maestri gelobt wurde«. In der von ihm geförderten Malerei, dem von ihm leidenschaftlich geliebten Theater und der Musik sah der König außerdem probate Propagandamittel für die spanische Monarchie. Philipp trug im Laufe seines Lebens eine der größten Kunstsammlungen seiner Zeit zusammen, die zu einem wichtigen Grundstock für das Museo del Prado in Madrid werden sollte. Als Philipps Hofmaler fungierte der bedeutendste spanische Maler der Barockzeit, Diego Rodríguez de Silva y Velázquez, der in einem besonderen Vertrauensverhältnis zu seinem königlichen Auftraggeber stand.

Am 17. September 1665 starb Philipp IV. in dem schicksalsergebenen Glauben, dass sich Gott trotz aller Bußübungen, die der Monarch sich und seinem Volk auferlegt hatte, offenkundig von Spanien abgewandt hatte; denn das Königreich hatte trotz der Aufbietung seines ganzen noch verfügbaren Leistungsvermögens seinen Weltherrschaftsanspruch nicht mehr behaupten können. Die europäische Politik wurde nun vorrangig von Frankreich und England dominiert. Seinem einzigen noch lebenden Sohn und Nachfolger Karl, der beim Tod seines Vaters erst vier Jahre alt war und dessen körperliche und geistige Entwicklung wenig hoffnungsfroh stimmen konnte, wünschte Philipp: »Gott mache dich glücklicher, als ich es gewesen bin.«

Leopold I.

* 1640 in Wien
† 1705 in Wien

Römisch-deutscher Kaiser

Für den am 9. September 1640 geborenen Kaisersohn Leopold war ursprünglich eine geistliche Karriere vorgesehen, wie dies für nachgeborene katholische Fürstensöhne üblich war. Seine Eltern, Kaiser Ferdinand III. und die spanische Infantin Maria Anna, ließen ihm deshalb eine streng religiös geprägte Erziehung im Sinne der Gegenreformation zukommen. Zum Thronerben stieg er erst im Alter von 14 Jahren auf, als sein älterer Bruder Ferdinand überraschend an Pocken verstarb. Während Leopold drei Jahre später, nach dem Tod seines Vaters im April 1657, problemlos die Nachfolge in den österreichischen Erbländern, in Böhmen und in Ungarn antreten konnte, gestaltete sich seine Wahl zum römisch-deutschen Kaiser unerwartet schwierig. Ferdinand III. war es zwar gelungen, seinen gleichnamigen ältesten Sohn zum römischen König wählen zu lassen, doch die Wahl seines nächsten Sohnes durchzusetzen, blieb dem Monarchen verwehrt. Gegen Leopolds Nachfolge im Heiligen Römischen Reich opponierten vor allem Frankreich und Schweden. Der französische König Ludwig XIV. trat somit gleich zu Beginn von Leopolds Regierungszeit als dessen politischer Kontrahent auf, der mit aller Entschiedenheit versuchte, den traditionellen Anspruch der Habsburger auf die Kaiserwürde zu hintertreiben. Seit 1519 wurde dadurch erstmals wieder die Nachfolge des habsburgischen Kandidaten ernsthaft infrage gestellt. Nach langem diplomatischen Ringen wurde Leopold am 18. Juli 1658 von den Kurfürsten zum Reichsoberhaupt gewählt und am 1. August zu Frankfurt am Main feierlich gekrönt. Im Verlauf seiner 47 Jahre dauernden Regentschaft gelang es ihm, die habsburgisch-österreichische Vorherrschaft im Reich erneut zur Geltung zu bringen und die europäische Geschichte entscheidend mitzubestimmen. Kaiser Leopold I., der die Vorstellung der göttlichen Berufung sehr ernst nahm, bekannte 1680: »Wahrlich, ich würde lieber in einer Wüsteneinsamkeit leben als in meiner Hofburg. Aber da mir Gott diese Last auf meine Schultern geladen hat, so hoffe ich, er wird mir auch die Kraft geben, sie zu tragen.«

Von seinem äußeren Erscheinungsbild her wirkte er wenig eindrucksvoll. Der venezianische Gesandte brachte dies lapidar auf den Punkt, als er den 18-Jährigen als einen Mann bezeichnete, der »vom Schicksal begünstigt« sei, »wenn auch nicht von der Natur«. Selbst auf den gemeinhin schmeichelhaften höfischen Porträts sieht Leopold wegen seiner extrem ausgeprägten habsburgischen Unterlippe eher hässlich aus. Laut dem Herzog Antoine III. von Gramont, dem französischen Gesandten bei der Kaiserwahl, hatte der kleine Habsburger »einen ungewöhnlich großen Mund, den er immer offenhält«. Seine offenkundigen körperlichen Mängel, die sich mit einem schüchternen und meist entscheidungsschwachen Charakter verbanden, wusste Leopold I. hinter einem augenfälligen Majestätsbewusstsein zu verbergen. Zu seiner betonten Katholizität passte, dass zu seiner engeren Umgebung Kleriker gehörten, die ihn allerdings trotz beträchtlichen Einflusses nicht lenken konnten. Leopolds unübersehbare persönliche Frömmigkeit war nicht selten mit Intoleranz gepaart. 1669/70 kam es auf seine Anordnung hin zur Ausweisung der Juden aus Wien, was gleichzeitig mit einem Rückwanderungsverbot verknüpft wurde. Später durften einzelne Juden, die hierfür ein kaiserliches Privileg erhalten hatten, als Hofjuden in Wien leben. Für den gebildeten und an den Wissenschaften interessierten Herrscher sprechen hingegen seine Universitätsgründungen in Innsbruck, Olmütz und Breslau. In seiner Regierungszeit begann der Ausbau des barocken Wien. Vor allem kennzeichnete Leopold I. wie einst schon seinen Vater eine besondere Neigung zur Musik. Er war nicht nur ein begeisterter Musik- und Opernliebhaber, sondern genoss auch als Komponist Ansehen. Von ihm sind eine Reihe kirchlicher und weltlicher Kompositionen überliefert. Häufig wurden Arien und Intermezzi des Kaisers in die prunkvollen höfischen Opernaufführungen eingefügt. Bisweilen dirigierte Leopold in eigener Person sein Hoforchester. Neben der Musik widmete er sich mit ähnlich großer Passion der Jagd.

Selbst friedliebend und völlig unmilitärisch veranlagt sah sich Leopold I. ständig mit Kriegen konfrontiert. Seine wichtigsten außenpolitischen Widersacher waren König Ludwig XIV. von Frankreich und das Osmanische Reich. Dank fähiger Berater und Feldherrn vollzog sich jedoch in seiner Regentschaft Österreichs Aufstieg zur europäischen Großmacht. Um 1700 besaß der kaiserliche Hof in Wien zudem für die deutschen Fürsten einen größeren Vorbildcharakter als jener von Ludwig XIV. in Versailles.

Die Türkenkriege von 1663 bis 1664 und besonders von 1683 bis 1699 endeten für Kaiser Leopold I., der bis heute volkstümlich als »Türkenpoldl« bezeichnet wird, siegreich. Trotz des militärischen Triumphs der kaiserlichen Armee in der Schlacht bei Mogersdorf 1664 schloss Leopold wegen des sich abzeichnenden neuen Konflikts mit Frankreich den für die Osmanen vorteilhaften Frieden von Vásvár. Er wollte einen Zweifrontenkrieg vermeiden und somit »aus der Notwendigkeit eine Tugend« machen. Als eine osmanische Großoffensive unter Großwesir Kara Mustafa 1683 Wien bedrohte, das vom 13. Juli bis zum 12. September belagert wurde, floh der Kaiser mit seinem Hof nach Westen. Er mobilisierte Truppen aus dem Reich und aus Polen sowie finanzielle Unterstützung vom Papst. Mit dem Sieg des vom Polenkönig Johann III. Sobieski und Herzog Karl V. von Lothringen geführten Entsatzheeres in der Schlacht am Kahlenberg wurde die kaiserliche Residenzstadt wieder befreit. Die danach folgende kaiserliche Offensive unter den Feldherrn Herzog Karl von Lothringen, Markgraf Ludwig Wilhelm von Baden-Baden und Prinz Eugen von Savoyen legte die Grundlage zur Donaumonarchie. Mit der kriegsentscheidenden Schlacht bei Zenta an der Theiß 1697 begann Prinz Eugens Aufstieg zu einem der bedeutendsten Feldherrn und Staatsmänner des Habsburgerreichs. Der Friede von Karlowitz 1699 bannte für Österreich nicht nur die Türkengefahr, sondern brachte auch fast ganz Ungarn, Siebenbürgen und Slawonien ein. Bis 1918 wurde diese Grenze nach Süden ohne wesentliche Änderungen erhalten.

Im Westen sah sich Leopold I. mit seinem aus der Kaiserwürde gespeisten europäischen Hegemonieanspruch immer wieder durch die französische Annexionspolitik herausgefordert. Durch sein Eingreifen in den Holländischen Krieg (1672–1679) und den Pfälzischen Erbfolgekrieg (1688–1697) konnte er Ludwig XIV. nur bedingt an dessen Expansionspolitik hindern. Der Konflikt entlud sich schließlich mit aller Macht im Streit um die spanische Erbfolge. Nach dem Tod des letzten spanischen Habsburgers, König Karls II., mit dessen beiden Schwestern Maria Teresa und Margarita Teresa Ludwig XIV. bzw. Leopold vermählt waren, begann 1701 der Spanische Erbfolgekrieg, der bereits im Vorfeld die gesamte europäische Diplomatie beherrscht hatte, letztlich die Dimensionen eines Weltkriegs annahm und erst 1714 endete. Leopold I. war fest entschlossen, seinen zweiten Sohn Karl auf den spanischen Thron zu bringen und für sich Spaniens italienische Besitzungen zu erwerben. Zwar starb er in den Anfangsjahren des Kriegs, doch hatte der Kaiser noch erste Erfolge erleben können. Als der Krieg endete, vermochte es Österreich allerdings nicht, seinen Alleinanspruch auf Spanien durchzusetzen, erhielt aber den größten Teil von dessen Nebenländern.

Hinter den Großmachtinteressen trat die Innenpolitik zurück, sodass die im Sinne des Absolutismus angestrebte Zentralisierung bloß geringe Fortschritte machte. Hauptsächlich Ungarn bereitete Probleme. Die von Leopold mit besonderer Härte betriebene Gegenreformation und Beseitigung der ständischen Selbständigkeit beförderten die antihabsburgische Stimmung im ungarischen Adel. Die Hinrichtung der Anführer der Magnatenverschwörung 1671 verstarkte die adelige Opposition wider Erwarten nur noch. 1678 brach der mehrere Jahre dauernde Kuruzenaufstand unter dem protestantischen Grafen Emmerich Thököly aus, der zeitweise von Frankreich, vor allem aber von den Osmanen unterstützt wurde. Zur Zeit des Spanischen Erbfolgekriegs kam es erneut zu einer ungarischen Erhebung unter Franz II. Rákoczy, die sich wieder gegen absolutistische Tendenzen der Wiener Regierung und die Rekatholisierung wandte.

Wegen der damals hohen Mütter- und Kindersterblichkeit war Leopold I. dreimal verheiratet, wobei alle seine Ehen aus dynastischen Überlegungen geschlossen wurden. Seine erste Ehe ging er 1666 mit der spanischen Infantin Margarita Teresa ein. Infolge der bedenklich engen Verwandtschaft des Paares war Leopold für seine Gattin sowohl Cousin als auch gleichzeitig Onkel. Von den Kindern aus dieser ausgesprochen harmonischen Verbindung sollte nur eine Tochter das Erwachsenenalter erreichen. Der frühe Tod seiner zarten Frau traf den Kaiser tief. Unglücklich stellte er 1673 fest: »Ist wohl ein unwiderbringlicher Schaden vor mir, dann ich weiss, was ich verloren habe und wie wir einander geliebt«. Obwohl er es zunächst ablehnte, eine Wiederverheiratung in Betracht zu ziehen, ehelichte Leopold schon im Trauerjahr Erzherzogin Claudia Felicitas, die letzte Vertreterin der Tiroler Nebenlinie des Hauses Habsburg. Aufgrund dieser Verbindung fiel Tirol wieder an die Hauptlinie zurück. Die junge Kaiserin, deren zwei Töchter das Säuglingsalter nicht überlebten, starb keine drei Jahre nach der Hochzeit. Noch im selben Jahr schloss Leopold, der bisher über keine lebensfähige männliche Nachkommenschaft verfügte, seine dritte und letzte Ehe mit Eleonore Magdalena von Pfalz-Neuburg. Die extrem fromme und mitunter bigotte Wittelsbacherin trug zur Verstärkung des ohnehin bereits sehr religiösen Gepräges des Wiener Hofs bei. Sie gebar dem Kaiser zehn Kinder, von denen immerhin fünf erwachsen wurden. Unter ihnen befanden sich die späteren Kaiser Joseph I. und Karl VI., wodurch das dynastische Fortleben der österreichischen Linie der Habsburger gewährleistet schien. Die gebildete Kaiserin wurde für ihren Gatten eine wichtige Stütze, die sowohl die Politik als auch das höfische Leben zu beeinflussen verstand.

Früh hatte Leopold I. die Nachfolge für seinen ältesten Sohn Joseph gesichert, der 1687 zum ungarischen und 1690 zum römischen König gekrönt wurde. Als ihm Alter und Krankheiten zuzusetzen begannen, gewann der »junge Hof« um seinen Thronerben an Einfluss. Leopold starb am 5. Mai 1705 an den Folgen eines Herzinfarkts.

Karl II.

* 1661 in Madrid
† 1700 in Madrid

König von Spanien

Der letzte spanische König aus dem Haus Habsburg, Karl II., erscheint in seiner ganzen körperlichen und geistigen Schwäche geradezu als Prototyp dynastischer Degeneration, die durch fortgesetzte Inzucht hervorgerufen wurde. Sein Leben lang blieb er ein Spielball für die vielfältigen Beeinflussungsversuche seiner Familie, seiner politischen und geistlichen Ratgeber, seiner Höflinge sowie der Botschafter der europäischen Großmächte.

Karl wurde am 6. November 1661 als Sohn des Königs Philipp IV. von Spanien und der österreichischen Erzherzogin Maria Anna geboren. Bereits als Vierjähriger folgte der von Geburt an kränkliche Junge, dessen untere Gesichtshälfte außerdem stark deformiert war, seinem verstorbenen Vater auf den Thron der katholischen Könige nach. Zusammen mit einer *junta de gobierno*, einer ›Regierungskommission‹, führte seine Mutter als Regentin für ihn die Geschäfte. Die Königinwitwe zeigte sich dabei bestrebt, die von Philipp IV. verfolgte Politik fortzusetzen.

Wegen Karls schwacher Konstitution wurde seine Erziehung dermaßen vernachlässigt, dass er im Alter von neun Jahren noch nicht lesen und schreiben konnte. Am liebsten beschäftigte er sich mit dem Mikado-Spiel oder dem Abzählen von Tieren und Dingen. Es verwundert daher nicht, dass der hinfällige und infantile Karl II. auch als Erwachsener nach dem Ende der mütterlichen Regentschaft kaum seinen monarchischen Aufgaben genügen konnte. Sein Mangel an höherer Bildung sorgte in Verbindung mit seinem permanenten Ermattungszustand und seinen wiederholten Ohnmachts- und Fieberanfällen dafür, dass er von den Regierungsgeschäften weitgehend ferngehalten wurde. Nur selten nahm er an den Sitzungen des Staatsrats teil oder lauschte dem Vortrag eines Ministers. Politische Entscheidungen waren von ihm nicht zu erwarten. All dies entging den fremden Gesandten nicht. So stellte etwa der 1679/80 als französischer Botschafter am spanischen Hof weilende Marquis Pierre de Villars fest, dass der König »keinerlei Beschäftigung auszuüben« vermöge.

In den letzten Jahrzehnten des 17. Jahrhunderts belasteten die spanische Monarchie im Inneren besonders die desolaten Kronfinanzen und die Agrarkrise mit Missernten und Teuerungen, während sie von außen durch den kriegerischen Expansionsdrang des französischen Königs Ludwig XIV. unter Druck gesetzt wurde. Überschattet wurden diese drängenden Probleme von der alles beherrschenden Frage der Thronfolge. Angesichts von Karls Siechtum, das mutmaßlich keine Nachkommenschaft von ihm erwarten ließ, hatten alle europäischen Kabinette sozusagen schon vom Tag seiner Geburt an ihr Augenmerk auf die Regelung seiner Nachfolge gerichtet. Da sowohl König Ludwig XIV. als auch Kaiser Leopold I. aus verwandtschaftlichen Gründen über nahezu gleich gute Anrechte auf das Erbe der spanischen Krone verfügten, kreisten alle Überlegungen der europäischen Politiker um die Frage, ob das Imperium ungeteilt oder geteilt vererbt werden solle. Vor allem die massive Machtverschiebung, die mit dem Anfall des gesamten spanischen Reichs an eine Großmacht entstehen würde, und die damit einhergehende Bedrohung des Gleichgewichts auf dem Kontinent beunruhigten alle Hauptstädte. In Spanien hingegen betrachtete man die Erbfrage als eine rein spanische Angelegenheit.

Auf Betreiben von Don Juan José de Austria, der ein unehelicher Sohn Philipps IV. war und seit 1677 die Regierungsgeschäfte in Spanien führte, wurde für den wenig attraktiven Karl II. unter dem Gesichtspunkt einer Annäherung Spaniens an Frankreich eine Heirat mit der anmutigen Marie Louise von Orléans, einer Nichte des französischen Königs Ludwig XIV., arrangiert. Weil nach dem Tod von Don Juan im September 1679 wieder die Königinmutter zusammen mit den leitenden Ministern in erster Linie die Leitung der Regierungsgeschäfte übernahm, konnte sich das junge

Königspaar, das am 19. November 1679 geheiratet hatte, seinen Vergnügungen widmen und blieb von den Krisen dieser Jahre weitgehend unbehelligt. Die extravagante und an Politik nicht sonderlich interessierte Marie Louise verstand es erstaunlich gut, auf ihren Ehemann einzugehen, sodass für Karl II. diese Ehe wohl die glücklichste Zeit in seinem von Krankheit und Melancholie geprägten Leben bildete.

Als Marie Louise, die wegen ihrer Kinderlosigkeit bald einen schwierigen Stand in Spanien hatte, im Februar 1689 plötzlich starb, löste dies sofort allerlei Gerüchte über einen Giftanschlag aus. Höchstwahrscheinlich war die Königin, deren inzwischen ungezügelte Esslust ihre einst hübsche Figur verdorben hatte, aber nach dem Genuss von einem Dutzend Austern und einem großen Krug eisgekühlter Milch an einer Salmonellenvergiftung gestorben. Wegen der dringlichen Thronfolgefrage forderte der Staatsrat den eben verwitweten Monarchen fast umgehend dazu auf, sich so rasch als möglich wieder zu verheiraten und »den Königreichen diesen so wesentlichen Trost zu schenken«. Dieses Mal wurde für den König mit der Schwägerin Kaiser Leopolds I. eine »habsburgische« Kandidatin ausgesucht: die Wittelsbacherin Maria Anna von Pfalz-Neuburg. Die Heirat fand am 4. Mai 1690 statt.

Karls zweite Ehefrau war im Gegensatz zu ihrer verstorbenen Vorgängerin politisch um vieles ehrgeiziger und wurde dadurch zu einer Rivalin ihrer Schwiegermutter. Der König, der nach der Beobachtung des Grafen Heinrich Franz Mansfeld, des kaiserlichen Botschafters in Madrid, »weiter nichts gewohnt ist, als zu gehorsamen dem, der ihm befehlen will«, fühlte sich diesen familiären Auseinandersetzungen nicht gewachsen. Erst nach dem Tod der Königinmutter konnte Maria Anna, der Karl II. keine vergleichbare Zuneigung wie Marie Louise entgegenbrachte, größeres politisches Gewicht erlangen. Als Landfremde stieß die Wittelsbacherin allerdings beim spanischen Adel meistenteils auf Ablehnung, da man ihr vorwarf, das spanische Staatsinteresse den Ambitionen ihres pfälzischen Hauses unterzuordnen. Ihre Kinderlosigkeit wirkte sich ebenfalls ungünstig für sie aus.

Die »Endzeitstimmung« im Land verstärkte sich, als es mit Karls seit jeher labilem Gesundheitszustand rasant abwärtsging. Der König litt an komatösen Ohnmachtsanfällen und zeitweisen Bewusstseinsstörungen. Die Frage der testamentarischen Regelung der Thronfolge bekam jetzt zwingend oberste Priorität. Der Staatsrat, der eisern an der Unteilbarkeit Spaniens festhielt, bewog Karl II. im November 1698 dazu, den bayerischen Kurprinzen Josef Ferdinand testamentarisch zum Alleinerben einzusetzen. Der Prinz war ein Enkel von Kaiser Leopold I. und dessen erster Gemahlin, der Infantin Margarita Teresa. Mit dem überraschenden Tod des siebenjährigen Kindes im Februar 1699 war die Erbfrage jedoch wieder offen und ein Krieg zunehmend wahrscheinlicher.

In dieser scheinbar ausweglosen Situation traktierte man den bereits dem Tode nahen Karl II. mit allerlei fragwürdigen Kuren, um seine Impotenz zu beheben. Man scheute dabei nicht vor der Anwendung exorzistischer Praktiken zurück. Der angeblich behexte Monarch wurde durch diese Behandlungen nicht nur zusätzlich geschwächt, sondern auch noch in Angst und Schrecken versetzt, weil er um sein Seelenheil fürchtete. Bevor der letzte spanische Habsburger am 1. November 1700 starb, signierte er ein neues, ganz der Staatsräson verpflichtetes Testament, das Herzog Philipp von Anjou, den Enkel Ludwigs XIV., zum Gesamterben des spanischen Weltreichs unter der Bedingung bestimmte, dass die Kronen von Spanien und Frankreich niemals in Personalunion vereint werden sollten. »Gott allein gibt die Königreiche [...] ich bin ein Nichts«, soll Karl dies kommentiert haben.

Der seit Langem erwartete Krieg wegen der Erbansprüche der österreichischen Habsburger und der französischen Bourbonen brach im Frühjahr 1702 offiziell aus, nachdem es schon im Sommer 1701 erste Kämpfe gegeben hatte. Mit den Friedensschlüssen von Utrecht, Rastatt und Baden von 1713/1714 setzte sich endlich die Idee des europäischen Gleichgewichts durch und das spanische Erbe wurde geteilt. Während mit König Philipp V. die lange Herrschaft der Bourbonen im spanischen Kernland samt seinen Kolonien begann, erhielten die österreichischen Habsburger den größten Teil der spanischen Nebenländer.

Karl VI.

* 1685 in Wien
† 1740 in Wien

Römisch-deutscher Kaiser

Karl VI., der letzte männliche Vertreter der »Althabsburger«, kam am 1. Oktober 1685 zur Welt. Er war der jüngere Sohn aus der dritten Ehe Kaiser Leopolds I. mit Eleonore von Pfalz-Neuburg. Der bedächtige, eher entscheidungsschwache, zu Zurückhaltung und Verschlossenheit neigende Erzherzog legte schon früh eine ausgesprochene Vorliebe für Zeremoniell und Prunk an den Tag. Später pochte er als Herrscher bei offiziellen Anlässen, mehr als dies bei seinem Vater und seinem Bruder Joseph I. der Fall war, auf die Einhaltung des strengen spanischen Hofzeremoniells. Einer Anekdote zufolge soll er Verstöße gegen das Zeremoniell selbst noch auf seinem Sterbebett bei der Letzten Ölung moniert haben. Als er lediglich zwei brennende Kerzen zu seinen Füßen bemerkte, soll er dies mit den Worten gerügt haben: »Wie? Nur zwei Kerzen brennen? Als römischer Kaiser gebühren mir vier!« In seiner tiefen Religiosität wie in seiner äußeren Erscheinung mit der charakteristischen Unterlippe ähnelte Karl seinem Vater, der ihm angeblich auch mehr zugetan war als seinem älteren Sohn Joseph. Karls sorgfältige, von Jesuiten beeinflusste Erziehung stand ganz im Zeichen des gegenreformatorischen Katholizismus, was sich während seiner Herrschaft in Unterdrückungsmaßnahmen gegen Protestanten und Juden auswirkte. Mit Leopold I. teilte er zudem noch die große Liebe zur Musik, für die er als Kaiser beachtliche Summen aufwendete, sowie die Jagdleidenschaft. Pedantisch führte er Buch über seine Jagdstrecken. Seine Passion für die Jagd sollte im Juni 1732 allerdings durch einen von ihm verursachten tragischen Jagdunfall in Böhmen überschattet werden, als er den Fürsten Adam Franz Schwarzenberg durch einen Schuss tödlich verletzte. Der sterbende Fürst ließ dem zutiefst erschütterten Kaiser mitteilen, er solle sich »nicht über das Unglück grämen, denn es ist der Wille des Höchsten gewesen, daß es geschehen ist.«

Karl war als jüngerer Kaisersohn frühzeitig für die Thronfolge in Spanien bestimmt worden, wo sich das Aussterben der spanischen Habsburger abzeichnete. In Wien reagierte man empört, als das Testament des 1700 verstorbenen spanischen Königs Karl II. den bourbonischen Herzog Philipp von Anjou, einen Enkel Ludwigs XIV. von Frankreich, zum Alleinerben einsetzte. Wegen einer nun drohenden bourbonischen Hegemonie kam es zu einer Allianz zwischen Österreich, Großbritannien und den Niederlanden, der sich später auch Portugal anschloss, und der Spanische Erbfolgekrieg brach aus. Da Großbritannien im Sinne einer europäischen Gleichgewichtspolitik die Aufteilung der spanischen Monarchie verfolgte, um eine zu große Machtkonzentration in den Händen einer Dynastie zu verhindern, war vorgesehen, dass der ältere Kaisersohn Joseph Österreich, Böhmen, Ungarn und die Kaiserwürde erhalten sollte, während Spanien an Karl gehen sollte. Erzherzog Karl wurde kurz vor seiner Volljährigkeit am 12. September 1703 in Wien zum König von Spanien ausgerufen.

Als der nunmehrige König Karl III. im Frühjahr 1704 auf der Iberischen Halbinsel eintraf, musste er jedoch feststellen, dass das bourbonische Königtum in Spanien großen Rückhalt gefunden hatte. Er bekam lediglich Unterstützung in Katalonien und Aragón, wo sich die Stände aus Tradition gegen die Zentralregierung in Madrid auflehnten. Mit wechselndem Kriegsglück versuchte sich der junge Habsburger zu behaupten.

Nachdem sein älterer Bruder Joseph seine Ehefrau mit einer Geschlechtskrankheit angesteckt hatte und somit aus dieser Verbindung nicht mehr mit männlichen Thronerben gerechnet werden konnte, wurde von Karl erwartet, dass er den Fortbestand der Dynastie sicherte. Bei der Suche nach einer geeigneten Braut für ihn spielte nicht allein der makellose Stammbaum der Kandidatinnen eine Rolle, sondern es wurde wegen der künftigen Mutterschaft auch der gesundheitliche Aspekt in Betracht gezogen. Die Wahl fiel schließlich auf die anmutige Prinzessin Elisabeth Christine von

Braunschweig-Wolfenbüttel. Die Welfin entstammte zwar einem der ältesten deutschen Fürstenhäuser, wies allerdings den nicht unerheblichen Schönheitsfehler auf, eine Protestantin zu sein. 1707 konnte die überzeugte Lutheranerin zum dringend notwendigen Konfessionswechsel veranlasst werden, sodass einer Heirat mit Karl nichts mehr im Wege stand. Nach einer Stellvertreterhochzeit im Frühjahr 1708 reiste Elisabeth Christine nach Barcelona zu Karl, wo die Trauung am 1. August vollzogen wurde. Der junge Ehemann zeigte sich mit der Entwicklung höchst zufrieden; denn in seinem Tagebuch vermerkte er: »Königin sehr schön, gar content«. Die Ehe verlief recht glücklich. Meist versuchte Karl seine Ehefrau von der Politik fernzuhalten, obwohl sie durchaus großes politisches Geschick besaß. Sie konnte dies auch unter Beweis stellen, wenn ihr Mann sie mit Stellvertretungen betraute.

Mit dem unerwarteten Tod seines seit 1705 in Wien regierenden Bruders Joseph I., der im April 1711 an den Pocken starb, ergab sich für Karl eine völlig neue Situation. Als einziger noch lebender männlicher Habsburger musste er in die Heimat zurückkehren, um dort die Nachfolge des Bruders anzutreten. Nach seiner im Oktober erfolgten Wahl zum Reichsoberhaupt wurde er am 22. Dezember 1711 in Frankfurt am Main zum Kaiser gekrönt. Karl VI. behielt zwar die bisherigen Räte seines Bruders mit dem Prinzen Eugen von Savoyen an der Spitze bei, doch umgab er sich auch mit einem höchst einflussreichen spanischen Beraterkreis.

Zunächst war Karl nicht gewillt, seinen Anspruch auf Spanien aufzugeben, und hielt an seinen unzeitgemäßen universalistischen Plänen nach dem Vorbild Karls V. fest. Eine solche habsburgische Übermacht entsprach aber keineswegs den Interessen der anderen Mitglieder der Großen Allianz, weshalb sich die Mehrzahl der Krieg führenden Parteien 1713 zur Empörung des Kaisers auf eine Teilung des spanischen Erbes verständigte. Karls Versuch, den Krieg gegen Frankreich ohne seine Verbündeten fortzusetzen, erwies sich als sinnlos. Im 1714 mit Frankreich geschlossenen Frieden von Rastatt musste Karl VI. widerstrebend auf Spanien und dessen Kolonien verzichten und sich mit dem Großteil der spanischen Nebenlande begnügen. Im Widerspruch zur Realität hing Karl weiterhin dem »Spanischen Traum« an. Die von dem Baumeister Johann Bernhard Fischer von Erlach in kaiserlichem Auftrag in Wien zwischen 1715 und 1735 errichtete monumentale Karlskirche im Barockstil legt davon Zeugnis ab.

Der Spanische Erbfolgekrieg war kaum zu Ende gegangen, da wandte sich Karl VI. einem neuen Kriegsschauplatz zu und trat auf Anraten des Prinzen Eugen auf Seiten der Republik Venedig 1716 in den Krieg ein, der vom Osmanischen Reich ausgelöst worden war. Der Türkenkrieg verlief für die Habsburgermonarchie höchst erfolgreich. Im Frieden von Passarowitz gewann Österreich 1718 neben Handelsprivilegien das Banat, Teile Bosniens und Serbiens mit Belgrad sowie die Kleine Walachei. Die in den Jahren von 1718 bis 1720 unternommenen Versuche der spanischen Bourbonen, Sardinien und Sizilien zurückzuerobern, endeten für Karl VI. mit dem für ihn günstigen Tausch Sardiniens gegen Sizilien, das mit Neapel vereinigt werden konnte. In den 1720er-Jahren erlangte die österreichische Monarchie dadurch die größte territoriale Ausdehnung in ihrer Geschichte.

In seinen späteren Regierungsjahren wurde Karls Politik nahezu vollständig von der heiklen Nachfolgefrage bestimmt, was sich als massive Belastung auswirkte. Aus seiner Ehe mit Elisabeth Christine hatten nur zwei Töchter überlebt. Die Kaiserin, die sich jahrelang zahllosen, in mancher Hinsicht sogar absonderlichen Behandlungsmethoden hatte unterziehen müssen, besaß deshalb keinen leichten Stand am Wiener Hof. Sie litt persönlich sehr unter dieser scheinbar mangelhaften Erfüllung ihrer Hauptaufgabe und wurde darüber offenbar auch depressiv. Bereits frühzeitig, nämlich schon 1713, hatte der Kaiser, als er noch auf ihn überlebende Söhne hoffen durfte, mit der Pragmatischen Sanktion ein Staatsgrundgesetz auf den Weg gebracht, das vor allem die Unteilbarkeit und Untrennbarkeit der habsburgischen Länder einführte und zusätzlich die weibliche Erbfolge beim Ausbleiben männlichen Nachwuchses vorsah. Dieses Vertragswerk griff auf die 1703 getroffenen Regelungen Leopolds I. und Josephs I. zurück. Zum ersten Mal wurde die Habsburgermonarchie als ein Gesamtstaat verstanden. Die wichtige Frage der Absicherung der Pragmatischen Sanktion schwächte hauptsächlich Österreichs Position gegenüber den anderen europäischen Mächten, da sich Karl VI. deswegen zu teilweise beträchtlichen Konzessionen genötigt sah. Dies hatte auch Auswirkungen auf die mit einigem Erfolg betriebene merkantilistische Wirtschaftspolitik, für die sich der Kaiser immer besonders interessierte. So musste man etwa den 1722 unternommenen Versuch einer Ostende-Kompanie, die den lukrativen Handel mit Indien und Afrika betreiben sollte, wegen des Widerstands der Seemächte nach wenigen Jahren wieder einstellen. Trotz vielfacher Anerkennung der Pragmatischen Sanktion wurde die Monarchie nach Karls Tod letztlich doch mit der Existenzfrage konfrontiert.

Im letzten Jahrzehnt seiner Regierung kam es zu einer Kette von außenpolitischen und militärischen Rückschlägen, die dem Prestige Österreichs erheblichen Schaden zufügten. Karl VI. verlor 1735 Neapel und Sizilien sowie 1739 den Großteil der territorialen Gewinne von 1718 auf dem Balkan. Bei seinem plötzlichen Tod am 20. Oktober 1740 befand sich die Habsburgermonarchie in einer krisenhaften Situation, die seine Erbtochter Maria Theresia bei ihrem Regierungsantritt vor eine außerordentlich schwere Aufgabe stellte. Über die Ursache der tödlichen Erkrankung des Kaisers war man sich offenbar nicht einig. Karl VI. soll deshalb voll trockenem Humor zu seinen Ärzten gesagt haben: »Wenn ich einmal tot bin, dann brecht's mich auf und dann werd's ja sehen, an was ich g'storben bin. Ich hoff', es kommt mir einer von euch bald nach, um es mir mitzuteilen.«

Habsburgische Begräbniskultur

Bis heute stellen Begräbnisse für regierende Herrscherhäuser, vor allem bei ihren herrschenden Mitgliedern, einen wichtigen repräsentativen Akt dar, bei dem sich Bedeutung und Stellenwert der Dynastie eindrucksvoll zur Geltung bringen lassen. Ihrem hohen fürstlichen Rang gemäß wurden die Begräbnisfeierlichkeiten der Habsburger besonders aufwendig zelebriert. Ihre Grabstätten gleichen vielfach ebenfalls einem Herrschaftsmanifest.

Zu den traditionellen Bestattungsritualen der Habsburger gehörten die sogenannten Mehrfachbestattungen, bei denen Leichnam, Herz und Eingeweide voneinander getrennt beigesetzt wurden. Diese Form der Bestattung, die einerseits aus praktisch-konservatorischen Gründen vorgenommen wurde, andererseits aber eine Verteilung fürstlicher Ehrbezeugung an diverse Orte ermöglichte, kannten auch andere katholische Herrscherfamilien. Um die gewöhnlich langen Begräbnisfeierlichkeiten überdauern zu können, wurden die Eingeweide und das Herz rasch entnommen und separat bestattet. Der restliche Körper wurde einbalsamiert, damit eine öffentliche Ausstellung durchführbar war. Die Einbalsamierung bezweckte somit keine dauerhafte Konservierung, sondern sollte lediglich den Verwesungsprozess bis zur endgültigen Bestattung verzögern.

Die wesentlichen Grundzüge eines habsburgischen Begräbnisses lassen sich bereits bei Kaiser Friedrich III. beobachten, dem ersten Familienmitglied, über dessen Begräbnis detaillierte Informationen vorliegen. Während die Eingeweide des 1493 verstorbenen Kaisers zügig in der Linzer Stadtpfarrkirche bestattet wurden, wurde sein einbalsamierter Leichnam nach Wien verbracht, wo die Begräbnisfeiern, die Exequien, wenige Wochen später in dem schwarz verhangenen Dom St. Stephan zelebriert wurden. Auf Friedrichs Sarg lagen dabei die sogenannten Funeralinsignien. Zu diesen nachgebildeten Machtinsignien gehörten Schwert, Krone, Zepter und Reichsapfel sowie die Ordenskette vom Goldenen

Vlies. Über seinem Sarg war ein mit zahllosen brennenden Kerzen geschmücktes Trauergerüst aufgebaut worden. Vor diesem Gerüst wurden das Seelenamt und das Lobamt abgehalten – die Messen zur Erinnerung an den Toten.

Im 17. und 18. Jahrhundert lagen zwischen dem Tod eines Kaisers und den Exequien, die nicht nur in der Wiener Hofkirche, sondern auch in anderen Kirchen seines Herrschaftsgebiets gefeiert wurden, ungefähr vier bis sechs Wochen. Diese Zeit wurde allein schon für die Vorbereitung der prächtigen Trauerausstattungen benötigt. Der habsburgische Totenkult hatte sich entsprechend dem barocken Zeitgeschmack zu unerhörtem Prunk gesteigert und bot sich als glanzvolles Gesamtkunstwerk dar. Wichtigster Bestandteil der Trauerdekoration war das äußerst kostspielige und künstlerisch ausgestaltete Trauergerüst vor dem Hauptaltar. Die brennenden Kerzen und die mannigfaltigen Symbole weltlicher Macht, mit denen das Trauergerüst ausgestattet wurde, verwiesen nicht bloß auf den Rang des Verstorbenen, sondern betonten gleichzeitig die Kontinuität der Herrschaft durch den Nachfolger. Oft wurde die Leichenpredigt zusammen mit einer Abbildung des Trauergerüsts und einer ausführlichen Schilderung der Dekoration publiziert, sodass sie eine große Verbreitung fanden und dadurch der dynastischen Propaganda dienten. Ein eindrucksvolles früheres Beispiel hierfür ist die mit 33 Kupferstichen illustrierte Beschreibung der 1558 in Brüssel begangenen Exequien für Kaiser Karl V., die in fünf Sprachen übersetzt und 1619 sogar nochmals aufgelegt wurde. 1765 ließ der Wiener Hof für Kaiser Franz I. Stephan letztmals ein Trauergerüst errichten. Während der Hof danach solch aufwendige Scheinarchitekturen nicht mehr in Auftrag gab, führte der Wiener Magistrat diese Tradition im Dom St. Stephan bis weit ins 19. Jahrhundert hinein fort.

Der spanische Zweig der Habsburger bediente sich ähnlicher Bestattungsrituale wie die österreichischen Verwandten. Nach der Aufbahrung des oder der Verstorbenen wurde der Leichnam üblicherweise nachts in einer feierlichen Prozession zum Escorial gebracht, um dort in der von König Philipp II. erbauten Kirche des königlichen Klosters San Lorenzo bestattet zu werden. Früher als die österreichischen Habsburger verfügte die spanische Linie hier über ein eigenes Erbbegräbnis, in dem alle Mitglieder seit Karl V. beigesetzt wurden. Erst Wochen nach der Bestattung wurden die Exequien im Kloster San Jerónimo am Rand von Madrid abgehalten. Wie bei den österreichischen Habsburgern betonten die prächtigen Trauerfeierlichkeiten den Übergang der Herrschaft auf den neuen König und hatten zugleich die Funktion, die Dynastie und ihr Herrschaftsrecht zu glorifizieren. Die Bestattungsrituale besaßen somit einen staatspolitischen Charakter. Die zwischen 1617 und 1654 errichtete Familiengruft, das Pantheon der Könige, diente später auch den spanischen Bourbonen als Grabstätte.

In Wien entwickelte sich im 17. Jahrhundert die Kapuzinergruft zur Hauptbegräbnisstätte der österreichischen Habsburger. Diese Grablege geht auf eine Stiftung der außerordentlich frommen Kaiserin Anna zurück. Die Gattin von Kaiser Matthias, die dem Tiroler Zweig der Familie entstammte, hatte dem Bettelorden der Kapuziner 1617 einen Konvent mit Kirche gestiftet, um in der dort angelegten Gruft zusammen mit ihrem Ehemann ihre letzte Ruhestätte zu finden. Als ab 1639 erste Familienangehörige von Kaiser Ferdinand III. hier ebenfalls beigesetzt wurden, bildete sich diese Gruft allmählich zum zentralen, wenn auch nicht alleinigen Begräbnisort der österreichischen Linie heraus. Seit der Umwandlung der Gruft in ein Erbbegräbnis wurden mehrfach bauliche Vergrößerungen und Umbauten nötig. Eine Beisetzung in dieser repräsentativsten Familienbegräbnisstätte war nur Mitgliedern des Kaiserhauses vorbehalten. Nicht ebenbürtigen Ehepartnern wurde ebenso die Aufnahme verwehrt wie Familienmitgliedern, die aus persönlichen Gründen aus dem Kaiserhaus ausgeschieden waren. Lediglich ein einziges Mal wurde auf Anordnung Maria Theresias eine Nicht-Habsburgerin in der Kaisergruft bestattet. Es handelte sich dabei um die ihr sehr nahestehende, 1754 verstorbene Reichsgräfin Karolina Fuchs-Mollarth. Sie war zunächst die Erzieherin der Kaiserin gewesen und später deren Obersthofmeisterin.

Die Eingeweide vieler österreichischer Habsburger wurden seit 1654 in der zufällig im 17. Jahrhundert wiederentdeckten alten

Herzogsgruft des Stephansdoms in Urnen bestattet. Die letzte Urne mit Intestina, die hier beigesetzt wurde, stammt von dem 1878 verstorbenen Erzherzog Franz Karl, dem Vater Kaiser Franz Josephs. Ihre Herzen ließen die Habsburger dagegen häufig in Silberbechern in die Loretokapelle der Wiener Augustinerkirche verbringen. Die gesonderte Herzbestattung begann dort 1654 mit dem jung verstorbenen König Ferdinand IV. und endete 1878 mit Erzherzog Franz Karl. Die später verstorbenen Mitglieder des Kaiserhauses konnten wegen der inzwischen verbesserten Konservierungsmethoden mit ihren Eingeweiden einbalsamiert werden. Es kam trotzdem noch zu getrennten Herzbestattungen. Der 2011 verstorbene Otto von Habsburg verfügte etwa, dass sein Herz im ungarischen Kloster Pannonhalma bestattet werden sollte. Die Fortführung dieses alten Rituals mutet im 21. Jahrhundert natürlich etwas absonderlich an.

Seit dem 17. Jahrhundert waren die Begräbnisriten am Wiener Hof streng reglementiert. Nach dem Tod eines Kaisers, der in der Regel halböffentlich im Beisein seines Hofstaates stattfand, und nach der Entnahme der Eingeweide erfolgte die Einbalsamierung und festliche Einkleidung des Leichnams. Danach wurde der Tote auf einem Paradebett unter einem schwarzen Samtbaldachin und unter Beigabe sämtlicher Zeichen seiner Würden drei Tage öffentlich in einem schwarz verhängten Raum aufgebahrt, was auch an anderen Höfen üblich war. Die landesweite Trauer schränkte alle Feste und Vergnügungen ein. Das Hoftrauerzeremoniell setzte detailliert und umfassend alles von der Kleidung des Hofpersonals bis zum Leichenzug, den Exequien und dem Trauergerüst fest.

Die feierliche Überführung des Sarges zur Kapuzinerkirche ging in den Abend- oder Nachtstunden vonstatten. Am Trauerzug waren Personen aus allen Bevölkerungsschichten nach einer genau festgelegten Ordnung beteiligt. Beim Begräbnis von Kindern der Kaiserfamilie wurde schlichter verfahren; denn sie wurden ohne Geleit überführt. An den Begräbnisfeierlichkeiten in der Kirche selbst nahmen bloß die Angehörigen des Kaiserhauses, die wichtigsten Hofbeamten und der Klerus teil. Nachdem der Sarg in die Gruft getragen worden war, wurde er ein letztes Mal geöffnet. Laut dem Zeremoniell hatte der Oberstzeremonienmeister oder dessen Stellvertreter den Guardian, den Oberen des Kapuzinerkonvents, zu fragen, ob er in dem Toten die verstorbene Person erkenne. Nach der bejahenden Antwort wurde der Sarg geschlossen und mit zwei Schlüsseln versperrt. Ein Schlüssel kam in die Schatzkammer, der zweite verblieb bei den Kapuzinern. Im Besitz des Kunsthistorischen Museums in Wien befindet sich noch heute ein Schrank mit den Schlüsseln zu 139 Särgen der Habsburger.

Die erstmals bei dem Begräbnis der letzten österreichischen Kaiserin Zita im April 1989 in Szene gesetzte Einlasszeremonie in die Kapuzinergruft entspricht allerdings keiner alten habsburgischen Tradition. Auf Wunsch der Familie fand Zitas Sarg erst nach dem dritten Anklopfen an das Tor und nach dem Weglassen aller Titel der Verstorbenen Einlass in die Gruft. Beim ersten Anklopfen war ihr Name noch zusammen mit dem großen Titel, beim zweiten Mal in Verbindung mit dem kleinen Titel genannt worden. Die Beschränkung auf den Vornamen samt der Hinzufügung »ein sterblicher und sündiger Mensch« passt zwar ausgezeichnet zur traditionellen habsburgischen Frömmigkeit, ist aber nur eine in die Wirklichkeit umgesetzte Legende, die sich scheinbar gut für die moderne Zeit eignet.

Das Haus Habsburg-Lothringen

Als nach dem Tod Kaiser Karls VI., des letzten männlichen Habsburgers, 1740 seine älteste Tochter Maria Theresia gemäß der Pragmatischen Sanktion die Regierung in den Erblanden antrat, galt die Familie Habsburg nach damaligem Adelsverständnis als erloschen. Die Kinder aus Maria Theresias Ehe mit Franz Stephan von Lothringen waren strenggenommen Angehörige des Hauses Lothringen. Angesichts der tatsächlichen Machtverhältnisse und der bedeutsamen Tradition der altehrwürdigen Dynastie nannte sich die Familie aber fortan Habsburg-Lothringen.

Wie wenig die Pragmatische Sanktion für die europäischen Mächte zählte, zeigte sich rasch. Prinz Eugens Auffassung, dass eine gute Armee und geregelte Finanzen eine bessere Garantie für die Bewahrung des Erbes als eine allgemeine Anerkennung dieses Gesetzeswerks darstelle, erfüllte sich bereits im Dezember 1740, als mit dem überraschenden Einmarsch preußischer Truppen in Schlesien der Österreichische Erbfolgekrieg ausbrach. Frankreich, Bayern, Sachsen und Spanien machten Maria Theresia ihr Erbe genauso streitig. Die römisch-deutsche Kaiserwürde konnte die junge Herrscherin von Anfang an nicht für sich erlangen, weil sie grundsätzlich Männern vorbehalten war. Die Kurfürsten waren allerdings auch nicht bereit, ihrem Ehemann Franz Stephan die Krone in der Nachfolge des Hauses Habsburg anzutragen. Sie wählten stattdessen den bayerischen Kurfürsten Karl Albrecht zum Kaiser, der mit Maria Theresias Cousine, der Habsburgerin Maria Amalie, verheiratet war und somit ebenfalls in alter Tradition stand. Nach dem frühen Tod des wittelsbachischen Kaisers Karl VII., dem die Krone wenig Glück gebracht hatte, erreichte Maria Theresia 1745 die Wahl und Kaiserkrönung ihres Gatten Franz Stephan. Mit Franz I. setzte sich damit wieder ein habsburgischer Kandidat durch. Bis zum Ende des Heiligen Römischen Reichs blieb seitdem die Kaiserwürde, mit der keine wirklich reale Macht mehr, sondern fast nur noch ein klangvoller Ehrentitel verbunden war, beim Haus Habsburg-Lothringen.

Ihre Gegner hatten zunächst die Willenskraft und Standhaftigkeit Maria Theresias unterschätzt, die bald die Regierungsgeschäfte weitgehend ohne ihren Ehemann betrieb. Unbeirrbar und energisch verteidigte sie ihr Erbe und ließ sich 1741 zur Königin von Ungarn und 1743 zur Königin von Böhmen krönen. Als der Österreichische Erbfolgekrieg 1748 endete, wurde sie international als Herrscherin der Habsburgermonarchie bestätigt. Neben einigen kleineren italienischen Gebieten musste sie den Großteil der reichen Provinz Schlesien an ihren verhassten Gegenspieler König Friedrich II. von Preußen abtreten. Mit diesem Verlust konnte sie sich nie abfinden, doch auch im Siebenjährigen Krieg gelang es Maria Theresia nicht, Schlesien zurückzugewinnen. Mit Preußens Aufstieg zur Großmacht unter Friedrich II. begann der österreichisch-preußische Dualismus in Deutschland und Mitteleuropa, der zu einem bestimmenden Faktor in der europäischen Politik wurde.

Der große Bündniswechsel vor Ausbruch des Siebenjährigen Kriegs 1756, der Österreich und Frankreich zusammenführte, hatte daneben erhebliche Auswirkungen für die nächste Generation im Haus Habsburg-Lothringen. Um die politische Annäherung an die Bourbonen, die alten habsburgischen Rivalen, noch obendrein dynastisch abzusichern, mussten fünf von Maria Theresias erwachsen gewordenen Kindern Ehen mit Angehörigen des bourbonischen Fürstenhauses eingehen. Das persönliche Lebensglück der Kinder spielte dabei keine Rolle.

Das drängende Problem mangelnder Nachkommenschaft stellte sich für die Dynastie seit Maria Theresia nicht mehr; denn ihrer Ehe mit Franz Stephan entsprangen 16 Kinder. In den kommenden Generationen entstanden schließlich wieder mehrere Linien des Hauses Habsburg-Lothringen. Zur Sicherung des standesgemäßen Unterhalts der stark angewachsenen Familie trug der 1765 nach dem Tod Franz Stephans gegründete »Familienversorgungsfonds« bei, der bis 1919 bestand. Der Kaiser hatte zu Lebzeiten dank seines ausgeprägten Geschäftssinns ein großes Vermögen in Höhe von rund 18 Millionen Gulden erworben. Maria Theresia und Joseph II. verwandten einen Teil dieses Vermögens, das sich aus Bargeld, Grundeigentum und Papieren zusammensetzte, zur Tilgung der Staatsschulden, während rund sechs Millionen Gulden in den neu errichteten Familienversorgungsfonds flossen. Zusätzlich war eine Sekundo- und Tertiogenitur für den zweit- und drittgeborenen Sohn des Kaiserpaares vorgesehen, die mit einem eigenen Erbe bzw. einem souveränen Fürstentum versehen werden sollten. Auf diese Weise erhielt Leopold, der zweite überlebende Sohn, nach dem Tod seines Vaters 1765 das Großherzogtum Toskana. Franz Stephan hatte, um die habsburgische Erbtochter Maria Theresia heiraten zu können, auf Druck der europäischen Großmächte sein Stammland Lothringen 1737 gegen die Toskana eintauschen müssen. Die dort regierenden Medici waren passenderweise gerade ausgestorben. Der nächstjüngere Kaisersohn Ferdinand, der als der hübscheste, aber auch als der unbedeutendste unter den Brüdern galt, ehelichte 1771, wie von langer Hand geplant, die Erbtochter des Herzogs von Modena, Maria Beatrix aus dem Haus Este, und begründete die Nebenlinie Habsburg-Este.

Obwohl Maria Theresia selbst noch ganz in der Tradition des barocken Wiener Hofs stand und keine Anhängerin der Aufklärung war, setzten unter ihr Reformen im Sinne des aufgeklärten Absolutismus ein, und die Staatsverwaltung in den böhmischen und österreichischen Erblanden wurde reorganisiert. Mit dem Ziel, ein »vernünftiges«, zentralistisch regiertes Staatswesen entstehen zu lassen, leitete sie, hauptsächlich seit ihr ältester Sohn Joseph II. ab 1765 mitregierte, wesentliche Modernisierungsmaßnahmen ein. Es kam u. a. zur Abmilderung der Leibeigenschaft der Bauern, zur Verstaatlichung des Schulwesens, zur Einführung einer allgemeinen Steuerpflicht und zur Abschaffung der Folter. Religiöse Toleranz, die zu den wichtigen Forderungen der Aufklärung zählte, war die zutiefst katholische Maria Theresia allerdings zeitlebens nicht bereit auszuüben.

Die von Konflikten zwischen Mutter und Sohn geprägte Zeit von Josephs Mitregentschaft endete 1780 mit dem Tod Maria Theresias. Bis zuletzt hatte die Herrscherin zu Josephs Verdruss in beinahe allen Bereichen die Entscheidungsbefugnis für sich reklamiert. Nun konnte er weitgehend ungehindert seine »Revolution von oben« nach den Prinzipien des aufgeklärten Absolutismus betreiben, um so einen zentralisierten Einheitsstaat und ein extremes System des Staatskirchentums zu schaffen. Seine vielfach übereilt und rigoros durchgeführten Reformen erregten teils heftigen Widerstand und lösten Aufstände aus.

Da Joseph II. trotz zweier Ehen bei seinem Tod 1790 keine Kinder hinterließ, folgte ihm sein nächstjüngerer Bruder als Leopold II. nach. Er brachte bereits Regierungserfahrung aus seiner Zeit als Herrscher über das Großherzogtum Toskana mit, das er in einen aufgeklärten Musterstaat umgeformt hatte. Zwar war er wie sein verstorbener Bruder von aufklärerischen Ideen durchdrungen, doch bevorzugte er eine schrittweise Reformpolitik und lehnte Josephs bürokratisch-zentralistischen Regierungsstil ab. Als er in Wien die Regierung antrat, sah sich Leopold genötigt, einige der überstürzten Reformen Josephs zurückzunehmen. Der Kern der josephinischen Maßnahmen blieb gleichwohl unangetastet. Anfänglich stand der Kaiser der Französischen Revolution von 1789 sogar recht positiv gegenüber, bevor ihm bewusst wurde, welche Gefahr für die europäischen Monarchien vom revolutionären Frankreich ausging. Leopolds plötzlicher Tod 1792 beendete eine kurze, nichtsdestoweniger beeindruckende Regierungszeit.

Mit Leopolds Sohn Franz II. gelangte ein Monarch auf den Thron, der als Herrscher weder seinem Vater noch seinem Onkel das Wasser reichen konnte. Die erste Hälfte seiner Regierungszeit war voll kriegerischer Unruhe wegen des nahezu ständigen Kampfes gegen Frankreich und kannte nur temporäre Friedensphasen. Mit den Auswirkungen der Französischen Revolution vom Beginn seiner Regentschaft an konfrontiert, zeigte Franz sich während seiner ganzen 43 Jahre dauernden Herrschaft liberalen Neuerungen nicht gewogen. Die habsburgische Monarchie entwickelte sich zu einem Hort der Reaktion.

Maria Theresia

* 1717 in Wien
† 1780 in Wien

Königin von Ungarn und Böhmen

Die bedeutende Habsburgerin ging in die Geschichte als Kaiserin Maria Theresia ein, obwohl sie die römisch-deutsche Kaiserwürde als Frau gar nicht bekleiden konnte. Seit der Kaiserkrönung ihres Ehemannes Franz Stephan nannte sie sich zwar offiziell »Römische Kaiserin«, aber dieser Titel stützte sich nur auf ihre Rolle als Gattin. Bezeichnenderweise hatte sie auf die Krönung zur Kaiserin im Oktober 1745 in Frankfurt am Main verzichtet. Ihr Hof- und Staatskanzler Graf Corfiz Anton Ulfeld vermutete als Grund dafür, »daß sie möglicherweise diese Krönung geringer einschätze als die beiden männlichen Kronen, die sie trage«.

Maria Theresia kam am 13. Mai 1717 als älteste Tochter von Kaiser Karl VI. und dessen Ehefrau Elisabeth Christine von Braunschweig-Wolfenbüttel zur Welt. Als letzter lebender männlicher Habsburger hatte Karl bereits lange vor ihrer Geburt zur Sicherung der Erbfolge 1713 die »Pragmatische Sanktion« erlassen. Dieses Staatsgrundgesetz bestimmte hauptsächlich die Unteilbarkeit des habsburgischen Länderbesitzes und dehnte die Erbfolge für den Fall, dass ein männlicher Thronerbe fehlen sollte, auf die weiblichen Nachkommen aus. Nach der Zustimmung der Landtage seiner Länder bemühte sich Karl VI. um die Anerkennung durch die ausländischen Mächte. Wegen der noch eine geraume Zeit aufrechterhaltenen Hoffnung ihres Vaters auf einen männlichen Thronfolger wurde Maria Theresia nur die herkömmliche Erziehung für Erzherzoginnen zuteil, bei der neben einer vielsprachigen Ausbildung und dem Beherrschen höfischer Fertigkeiten großer Wert auf eine gründliche religiöse Unterweisung gelegt wurde. Von den Staatsgeschäften wurde sie bis zuletzt ferngehalten. Später beklagte sie, dass es ihrem Vater »niemahls gefällig ware, mich zur Erledigung weder der auswärtigen noch inneren Geschäften beizuziehen noch zu informiren«.

Nachdem verschiedene Heiratskandidaten für die Thronerbin ins Gespräch gebracht worden waren, fiel die Entscheidung auf den politisch unbedeutenden Franz Stephan von Lothringen, der schon als Jugendlicher an den Wiener Hof gekommen und neun Jahre älter als die Erzherzogin war. Eine Störung des europäischen Mächtegleichgewichts wurde dadurch vermieden, Maria Theresia aber eine Verbindung zugestanden, die auf echter Zuneigung beruhte, was ungewöhnlich für die damalige Hocharistokratie war. Bevor die Hochzeit am 12. Februar 1736 in Wien stattfinden konnte, musste der Bräutigam aus politischen Gründen auf seine angestammten Herzogtümer Lothringen und Bar verzichten. Als Ausgleich wurde ihm das Großherzogtum Toskana zugesichert. Trotz Franz Stephans Affären galt die Ehe, aus der 16 Kinder stammten und mit der die neue Dynastie Habsburg-Lothringen begründet wurde, als glücklich.

Als Maria Theresia nach dem Tod ihres Vaters am 20. Oktober 1740 die Nachfolge antrat, erwiesen sich die Garantien der Pragmatischen Sanktion als brüchig. Außer Bayern und Sachsen erhob auch Preußen Ansprüche auf Teile ihres Reichs. König Friedrich II. von Preußen nutzte die Situation und marschierte im Dezember 1740 ohne Kriegserklärung mit seiner Armee in Schlesien ein. Die übrigen Gegner der jungen Habsburgerin – Bayern, Sachsen, Pfalz, Frankreich, Spanien, Neapel-Sizilien und Schweden – ließen nicht lange auf sich warten. An die Seite Maria Theresias traten Großbritannien und die Niederlande, 1746 noch Russland. Gestärkt wurde ihre Position 1741 durch ihre Krönung zur ungarischen Königin. Ebenfalls von großer symbolischer Bedeutung war ihre 1743 erfolgte Krönung zur Königin von Böhmen. Die Schlesischen Kriege bzw. der Österreichische Erbfolgekrieg beherrschten Maria Theresias erste Regierungsjahre, die sich damals »von Geld, Trouppen und Rat entblösset« sah. Außerdem musste sie sich damit abfinden, dass sich der bayerische Kurfürst Karl Albrecht im Januar 1742 bei der Kaiserwahl im Heiligen Römischen Reich

Deutscher Nation als Karl VII. gegen ihren Ehemann durchsetzte. Der Österreichische Erbfolgekrieg endete 1748. Maria Theresia war genötigt, den Verlust Schlesiens samt der Grafschaft Glatz an König Friedrich II. von Preußen hinzunehmen sowie die Herzogtümer Parma, Piacenza und Guastalla an eine Nebenlinie der spanischen Bourbonen abzutreten. Dennoch war es ihr gelungen, sich als rechtmäßige Thronerbin zu behaupten und die Großmachtstellung ihres Hauses zu erhalten. Bereits 1745 hatte sie erreicht, dass nach dem Tod von Karl VII. die Kaiserkrone an ihren Gatten Franz I. Stephan ging.

Zu Beginn ihrer Regierung hatte sie ihren Ehemann zum Mitregenten ernannt, ihn aber seitdem weitgehend von den Staatsgeschäften ferngehalten. Erst ab 1763 widmete sich Franz Stephan als Finanz- und Wirtschaftsfachmann auf ihren Wunsch hin der Sanierung der durch die Kriege zerrütteten Staatsfinanzen. Die willensstarke Maria Theresia, die davon überzeugt war, dass die göttliche Vorsehung sie zur Herrschaft bestimmt habe, entpuppte sich rasch als begabte Regentin. Der preußische Gesandte Otto Christoph Graf von Podewils meldete: »Sie beschäftigt sich viel mit ihren Staatsangelegenheiten und bemüht sich, genaue Kenntnis von ihnen zu bekommen. Sie liest die meisten Berichte ihrer Gesandten an den fremden Höfen oder läßt sie sich vorlesen, prüft die Entwürfe der Schriftstücke von irgendwelcher Wichtigkeit, ehe man sie ins Reine schreibt, unterhält sich oft mit ihren Ministern und wohnt den Konferenzen bei, die über Staatsgeschäfte von irgendwelcher Bedeutung abgehalten werden.« Um die rückständige Habsburgermonarchie zu modernisieren, betrieb sie seit 1746 eine umfassende Reformpolitik mit dem Ziel, die zersplitterten, überkommenen ständischen Einrichtungen im österreichisch-böhmischen Kernstaat durch einen zentralen, absolutistisch regierten Staatsapparat zu ersetzen. Nicht einbezogen in diese Reformmaßnahmen wurden Ungarn mit seinen Nebenländern, die österreichischen Niederlande und die Lombardei, deren getrennte Verwaltungen fortbestanden.

Der Wunsch nach der Rückgewinnung des reichen Schlesiens dominierte lange ihre Politik. Die preußische Annexion dieses

Landes stellte für sie eine Zuwiderhandlung gegen die göttlich legitimierte Rechtmäßigkeit monarchischer Herrschaft dar. Um Preußen aus dem Feld zu schlagen, wurde ein Umbau des Bündnissystems ins Auge gefasst. Vor allem schien die Annäherung an Frankreich geboten, als Preußen 1756 mit Großbritannien die Konvention von Westminster schloss. Nur wenig später folgte ein österreichisch-französisches Bündnis. Friedrich II. reagierte darauf mit dem Einmarsch in Sachsen. Großbritannien und Frankreich befanden sich bereits wegen ihrer Kolonialpolitik im Krieg. Der Siebenjährige Krieg, in den schließlich alle europäischen Großmächte verwickelt waren, war somit ein globaler Konflikt. Statt mit der erhofften Niederlage Preußens endete der Krieg für Maria Theresia 1763 mit dem endgültigen Verlust Schlesiens samt der Grafschaft Glatz. Zwei Jahre vor ihrem Tod stellte sie fest: »Welch häßliches Gewerbe ist doch der Krieg: gegen die Menschlichkeit und gegen das Glück.«

Eine tiefe Zäsur in ihrem Leben bildete der Tod ihres Ehemannes Franz Stephan im August 1765. Seitdem trug die einst lebenslustige Maria Theresia bloß noch die schwarze Witwentracht mit der schwarzen, unter dem Kinn zusammengebundenen Witwenhaube und verwandelte sich in eine übertrieben sittenstrenge Matrone. An ihre Vertraute, die Gräfin Rosalia Edling, schrieb sie: »Den vollkommensten, den liebenswürdigsten Herrn habe ich verloren, seit dreiundvierzig Jahren war mein Herz ihm allein zugethan; er war mein Trost in Allem in meinem harten Lebenslaufe, jetzt ist nichts mehr für mich.« Sie betrieb einen wahren Trauerkult um den Verstorbenen. Ihren ältesten Sohn Joseph II., der seinem Vater als römisch-deutscher Kaiser nachfolgte, ernannte sie zwar bald nach Franz Stephans Tod zu ihrem Mitregenten in den habsburgischen Erblanden, aber aufgrund differierender politischer Ansichten und wesensmäßiger Unterschiede erwies sich ihre Zusammenarbeit als schwierig. Mit Josephs aufklärerischen Reformideen konnte sie sich nur schwer anfreunden. Missbilligend nannte sie ihn »eine Kokette des Geistes«. Immerhin fand sie sich 1776 unter seinem Einfluss bereit, die Folter abzuschaffen. Religiöse Toleranz gegenüber Protestanten und Juden hingegen lehnte Maria Theresia als fromme Katholikin ab. Die Erwerbungen von Galizien 1772 bei der Ersten Polnischen Teilung, von der Bukowina 1774 für »Vermittlerdienste« im Russisch-Osmanischen Krieg und vom Innviertel 1779 im Bayerischen Erbfolgekrieg gingen hauptsächlich auf die Ambitionen ihres Mitregenten zurück.

Die als »mütterliche Majestät« gepriesene Herrscherin forderte von ihren 13 das kritische Kleinkindalter überlebenden Kindern die Unterordnung unter die Staatsräson. Ihre Nachkommen mussten vor allem Ehen mit dem Haus Bourbon eingehen. Das ehrgeizigste Projekt war dabei die 1770 realisierte Heirat ihrer jüngsten Tochter Maria Antonia, bekannter als Marie Antoinette, mit dem späteren König Ludwig XVI. von Frankreich. Lediglich ihrer Lieblingstochter Marie Christine gestattete Maria Theresia eine Liebesheirat mit dem politisch bedeutungslosen Herzog Albert von Sachsen-Teschen. Früh verlor die Monarchin dagegen zu ihrem großen Kummer ihren Lieblingssohn Karl Joseph. Der besonders begabte und charmante Erzherzog fiel im Alter von knapp 16 Jahren einer Pockenepidemie zum Opfer. Zeitlebens kontrollierte sie streng das Verhalten ihrer Kinder, sodass sich diese selbst als Erwachsene noch einer schonungslosen Kritik seitens ihrer Mutter ausgesetzt sahen. »Ich liebe die Kaiserin«, gestand Marie Antoinette etwa 1773, »aber ich fürchte sie sogar aus der Ferne. Selbst wenn ich schreibe, fühle ich mich ihr gegenüber nicht ungezwungen.«

Die an einer Lungenentzündung erkrankte Maria Theresia war in den Morgenmantel ihres geliebten Franz Stephans gehüllt, als sie am 29. November 1780 in den Armen ihres Sohnes Joseph starb. Ihr Reich befand sich zu diesem Zeitpunkt in einem weitaus vorteilhafteren Zustand als bei ihrem Regierungsantritt. Am besten kann man heute wohl in der berühmten Schlossanlage von Schönbrunn auf ihren Spuren wandeln. Maria Theresia hatte dieses Schloss seit 1743 grundlegend nach ihren Vorstellungen um- und ausbauen lassen.

Joseph II.

* 1741 in Wien
† 1790 in Wien

Römisch-deutscher Kaiser

In einer für die Habsburgermonarchie ausgesprochen kritischen Lage kam Joseph II. am 13. März 1741 als sehnlichst erwarteter Thronfolger zur Welt. Seine Mutter Maria Theresia, die im Oktober 1740 an die Regierung gekommen war, sah sich trotz Pragmatischer Sanktion mit den Ansprüchen deutscher Fürsten auf ihr väterliches Erbe konfrontiert. Im Dezember 1740 hatte der preußische Einfall in Schlesien den Österreichischen Erbfolgekrieg ausgelöst. Weil aus Maria Theresias Ehe mit Franz Stephan von Lothringen bisher bloß Töchter hervorgegangen waren, half die Geburt des ersten Sohnes ihren Thronanspruch zu festigen. Der kleine Hoffnungsträger wurde daher von seinen Eltern und der Hofgesellschaft verwöhnt und verzogen, sodass sich aus dem vergötterten Kind nur zu bald ein schwieriger junger Mann mit übergroßem Selbstwertgefühl und Sendungsbewusstsein entwickelte. Zeitlebens umgab den »Volkskaiser« Joseph II., der zu Sarkasmus und Eigensinn neigte, eine Aura von Hochmut.

Seit Joseph an den Sitzungen des Staatsrats teilnehmen durfte, beschäftigte er sich in Denkschriften mit Regierungsfragen. Bereits in seinem Memorandum von 1763, dem er den Titel *Rêveries* (Träumereien) gab, formulierte er die Grundsätze, die ihn später als Herrscher leiten sollten. Er wandte sich darin gegen feudale Vorrechte und sprach sich für eine Vereinfachung von Hofhaltung und Verwaltung aus, um so die Mittel für eine prosperierende Wirtschaft und ein starkes Kriegsheer aufbringen zu können. Das Wohl des Staates und des Volkes konnte seiner Ansicht nach nur durch einen Herrscher bewirkt werden, der über uneingeschränkte fürstliche Vollmachten verfügte. Eine Mitsprache der Untertanen war nicht erwünscht. Joseph definierte seine künftige Aufgabe klar als die eines wohlmeinenden Despoten.

Seine 1760 allein aus politischen Gründen arrangierte Heirat mit Isabella von Parma, einer Enkelin des französischen Königs Ludwigs XV. aus dem Haus Bourbon-Parma, die das neue Bündnis zwischen den Häusern Habsburg und Bourbon stärken sollte, bescherte Joseph das für einen Thronfolger im 18. Jahrhundert äußerst seltene Glück, in der Braut seine große Liebe zu finden. Die schöne, intelligente und gebildete Isabella brachte ihm vermutlich keine ähnlich tiefe Zuneigung entgegen, sondern entwickelte früh eine außerordentliche Schwermut und Todessehnsucht. Nach lediglich dreijähriger Ehe starb Isabella an den Pocken. »Ich habe alles verloren. Meine anbetungswürdige Gattin, der Gegenstand all meiner Zärtlichkeit, meine einzige Freundin ist nicht mehr«, klagte Joseph verzweifelt in einem Brief an seinen Schwiegervater. Seine zweite, von ihm 1765 bloß widerwillig geschlossene Ehe mit Prinzessin Maria Josepha von Bayern nahm einen unglücklichen Verlauf, unter dem vor allem die Ehefrau zu leiden hatte. Als die wenig attraktive Wittelsbacherin während der Pockenepidemie 1767 starb, nahm Joseph nicht einmal an ihrem Begräbnis teil. Zum Leidwesen seiner Mutter verweigerte er sich kategorisch einer dritten Eheschließung. Sein einziges Kind aus seiner ersten Ehe verlor Joseph 1770, als seine erst acht Jahre alte Tochter Maria Theresia an einer Lungenentzündung starb. Er bezeichnete sich danach als »den unglücklichsten und bedauernswürdigsten Menschen«.

Noch zu Lebzeiten seines Vaters, des Kaisers Franz I. Stephan, wurde Joseph 1764 in Frankfurt am Main zum römischen König gewählt und gekrönt, sodass die Nachfolge bereits geregelt war, als der Vater ein Jahr später plötzlich starb. Auf Reichsebene größere Reformen durchzusetzen, gelang Kaiser Joseph II. nicht. Der Widerstand der meisten Reichsfürsten setzte diesen Versuchen enge Grenzen, wozu Joseph allerdings mit seiner österreichischen Großmachtpolitik und einer instinktlosen Reichspolitik selbst in hohem Maße beitrug.

Zwar hatte ihn seine vom Tod ihres Ehemannes tief getroffene Mutter im September 1765 zu ihrem Mitregenten in der

Habsburgermonarchie ernannt, doch wirkliche Gestaltungs- und Entscheidungsbefugnisse räumte sie Joseph zu seinem Leidwesen lediglich bedingt ein. Maria Theresia behielt das Ruder fest in der Hand und stand dem Reformeifer ihres Sohnes reserviert gegenüber, sodass die vieljährige gemeinsame Regentschaft immer wieder Differenzen, Komplikationen und Krisen heraufbeschwor. Resigniert stellte die Monarchin 1775 fest: »Es ist fürwahr ein großes Unglück, mit dem besten Willen verstehen wir uns nicht.«

Joseph entzog sich den Unerquicklichkeiten, indem er oft auf lange Reisen ging. Inkognito besuchte er nicht nur fast alle Länder der Monarchie, sondern u. a. auch Preußen, die italienischen Staaten, Frankreich und Russland. Er traf sich dabei mit dem alten Erzfeind seiner Mutter, dem Preußenkönig Friedrich II., den er zu ihrem Entsetzen seit Langem bewunderte, wie auch mit Zarin Katharina II. von Russland. In Frankreich sorgte er durch ein bewusst schlichtes Auftreten und sein Interesse für soziale und kulturelle Institutionen für Furore. Geschickt präsentierte er sich als positiven Gegenentwurf zur oberflächlich-verschwenderischen Hofgesellschaft von Versailles. Von diesen Reisen, die Inspektionen glichen, und den hierbei gewonnenen Eindrücken, Einblicken und Anregungen profitierte Joseph mehr als von seinem früheren Unterricht. Maria Theresia war mit Josephs vielen Exkursionen nicht einverstanden und klagte: »Auf den Kaiser kann ich nicht Rechnung machen, weil er gern überall ist, nur nicht zu Hause«.

Als Mitregent blieb ihm neben dem militärischen Bereich vor allem die Außenpolitik als Betätigungsfeld. Hier setzte er auf einen rigorosen Expansionskurs, um die durch Preußen infrage gestellte Vormachtstellung der Habsburgermonarchie in Mitteleuropa wieder zu festigen. Mitunter stand ihm dabei der Friedenswille der Mutter im Weg, doch zwischen 1772 und 1779 gelang es ihm, die Annexion Galiziens, den Erwerb der Bukowina und des ehemals bayerischen Innviertels durchzusetzen. Ganz Bayern zu gewinnen, blieb danach zwar weiterhin sein Bestreben, aber sein Versuch, dies 1785 im Tausch gegen die österreichischen Niederlande zu bewerkstelligen, scheiterte an der ablehnenden Haltung Frankreichs und am Widerstand Preußens, dessen

König Friedrich II. einen Deutschen Fürstenbund zum Schutz der Reichsverfassung begründete. Auf innenpolitischem Gebiet musste sich Josephs Tatendrang stark bescheiden. Er erreichte bloß eine Vereinfachung des Hofzeremoniells und machte die Militäruniform wie in Preußen hoffähig. Außerdem wurden 1766 die kaiserlichen Gärten in Wien auf seine Anordnung hin der Allgemeinheit zugänglich gemacht. 1776 wandelte er das »Hoftheater nächst der Burg« in ein »Teutsches Nationaltheater« um, wodurch für die deutschsprachige Schauspielkunst in Wien eine Blütezeit begann. Administration und Finanzierung des Theaters übernahm nun der Hof.

Nach dem Tod der Mutter im November 1780 konnte Joseph II. als Alleinherrscher endlich seine von den Ideen der Aufklärung beeinflussten umfangreichen und tief in das öffentliche und private Leben eingreifenden Reformpläne in die Tat umsetzen. Sein Ziel war es, eine stärkere Zentralisierung der habsburgischen Länder unter einer leistungsfähigen Staatsbürokratie zu erreichen. Von einem rationellen Nützlichkeitsdenken bestimmt ging Joseph dabei mit einem derartig fanatischen Eifer ans Werk, dass seine oft überstürzt und ohne Rücksicht auf die Betroffenen realisierten Projekte vielfach auf Unverständnis stießen und als pure Willkür statt als Wohltat empfunden wurden. Friedrich II. von Preußen vertrat nicht von ungefähr die Meinung, dass er stets den zweiten Schritt vor dem ersten zu tun pflege.

Josephs Kirchenreform setzte 1781 mit den im Toleranzpatent verordneten Verbesserungen in der Stellung der Protestanten, Griechisch-Orthodoxen und Juden ein, ohne den Vorrang des Katholizismus anzutasten. Bis 1787 ließ der Kaiser all jene geistlichen Orden und Klöster, die sich weder dem Unterricht noch der Krankenpflege oder Seelsorge widmeten, aufheben. Das Vermögen dieser mehr als 700 kirchlichen Institutionen floss in einen Religionsfonds, aus dem neue Diözesen und zahlreiche neue Pfarreien dotiert wurden. Die kirchlichen Zeremonien wurden vereinfacht und eine Reihe kirchlicher Feiertage, Wallfahrten und Prozessionen abgeschafft. Außerdem benötigten päpstliche Anordnungen eine Genehmigung durch staatliche Gremien. Die Priesterausbildung hatte nun allein in staatlichen Generalseminaren zu erfolgen. Die Josephinische Kirchenreform wurde sowohl von weiten Teilen der Geistlichkeit als auch von der einfachen Bevölkerung abgelehnt. Zu Josephs Reformprogramm gehörte eine Lockerung der Zensurbestimmungen, die eine kritische Diskussion aller öffentlichen Angelegenheiten gestattete. Unter dem von ihm betriebenen Ausbau von Wohlfahrtseinrichtungen gebührt vor allem dem 1784 eröffneten Allgemeinen Krankenhaus in Wien Beachtung, da es als das Modernste seiner Art in Europa galt. Die Wiener Medizinische Schule erlebte eine erste Blütezeit. Auch Handel und Gewerbe profitierten von einer Reihe Wirtschaftsreformen. Das erstarkende Bürgertum konnte deshalb neben dem Hof und dem Adel zu einem wichtigen Kulturträger werden. Weniger Erfolge waren Josephs Reformmaßnahmen im Bereich der Landwirtschaft beschieden. Zwar konnte 1781 die Leibeigenschaft aufgehoben werden, aber der Versuch, in allen Ländern der Monarchie den grundbesitzenden Adel zu besteuern und dessen Privilegien zu beschneiden, stieß auf heftigsten Widerstand.

Josephs rücksichtslose Vereinheitlichungstendenzen lösten in Ungarn und in den österreichischen Niederlanden offenen Aufruhr aus. Aus Sorge vor einem weiteren Übergreifen der Unruhen musste der Kaiser an seinem Lebensende zahlreiche seiner Reformvorhaben zurücknehmen. Er hatte sich während des weitgehend erfolglosen Feldzugs von 1788 im gemeinsam mit Russland geführten Türkenkrieg eine schwere Lungenkrankheit zugezogen, von der er sich nicht mehr wirklich erholte. Am 20. Februar 1790 starb Joseph II. im Alter von 49 Jahren. Zwar sah er sich als Herrscher gescheitert, doch einige Tage vor seinem Tod bekannte er: »Ich vermisse den Thron nicht und fühle mich ruhig. Nur ein wenig gekränkt, durch so viel Lebensplage, so wenig Glückliche und so viel Undankbare gemacht zu haben.« Unter dem Eindruck der repressiven Politik des habsburgischen Kaiserhauses im 19. Jahrhundert wandelte sich für weite Kreise sein Bild nahezu vollständig ins Positive.

Maria Karolina

* 1752 in Wien
† 1814 in Hetzendorf bei Wien

Königin von Neapel-Sizilien

Unter den 16 Kindern des Kaiserpaares Franz I. Stephan und Maria Theresia zählt die am 13. August 1752 geborene neapolitanische Königin Maria Karolina, die alle ihre Geschwister überleben sollte, zu den bemerkenswertesten Persönlichkeiten. Vielen Zeitgenossen galt sie wegen ihres ausgeprägten Machtbewusstseins, ihrer Willensstärke und ihres starken Hangs nach Unabhängigkeit als einzig wahre Tochter Maria Theresias.

Schon früh plante Kaiserin Maria Theresia, den neapolitanischen Thronerben mit einer ihrer Töchter zu verheiraten. Die politische Annäherung an das Haus Bourbon und seine verschiedenen regierenden Zweige sollte nach dem Willen der Kaiserin mittels ehelicher Verbindungen gefestigt werden. Die Interessen des Hauses Österreich sowie des Staates rangierten für sie dabei grundsätzlich über dem persönlichen Glück ihrer Kinder. Als ihre Tochter Maria Josepha, die als Braut für König Ferdinand IV. von Neapel-Sizilien bestimmt war, im Oktober 1767 an den Pocken starb, wurde fast umgehend die nächstjüngere Tochter Marie Charlotte, wie Maria Karolina bis zu ihrer Verheiratung hieß, als Ersatzlösung aufgeboten. Die 15-jährige Erzherzogin wurde nun im Eiltempo auf ihre künftige Rolle als Königin vorbereitet, wobei sie sich besonders für die Ausführungen des Staatskanzlers Fürst Wenzel Anton von Kaunitz über die Kunst diplomatischen Agierens und Taktierens interessierte.

Noch am Tag der Prokurationstrauung, der Stellvertreterhochzeit, am 7. April 1768 in Wien erfolgte Maria Karolinas tränenreiche Abreise. Sie sollte weder ihre Mutter noch ihre drei Jahre jüngere Lieblingsschwester Maria Antonia, die spätere

Königin Marie Antoinette von Frankreich, jemals wiedersehen. Auf die Reise gen Süden begleiteten sie zahlreiche in Schriftform gebrachte mütterliche Ratschläge: »Ihr wisst, dass Frauen ihren Männern untertan sind, ihrem Willen und auch ihren Launen, sofern diese unschuldig sind. Für diese Regel gibt es keine Ausnahme, und in diesem Punkt finden Frauen keine Gnade.« In Anbetracht von Maria Karolinas Position an der Seite eines regierenden Monarchen empfahl die Kaiserin, sich nicht in die Staatsgeschäfte einzumischen: »Nehmt an den Geschäften der Regierung nur so weit Anteil, als der König es wünscht und Ihr selbst glaubet, ihm dabei behilflicher als sonst jemand sein zu können«. Ihre Hauptaufgabe sei: »Widmet Euch stattdessen ganz und gar Eurem Ehemann.« Dass es sich bei dem 17 Jahre alten König Ferdinand IV. um keinen vielversprechenden jungen Mann handelte, war Maria Theresia allerdings seit Längerem bekannt. Er galt als schlecht erzogen, geistig träge und ziemlich ungehobelt. Für seine monarchischen Pflichten brachte er wenig Neigung auf. Missbilligend hatte die Kaiserin schon früher vermerkt: »Der junge König interessiert sich für nichts außer für die Jagd und für die Opera buffa. Er ist überaus kindisch, versteht nichts, spricht nur das schlechte Italienisch des Landes und das auch nur sehr ungefähr; er hört nicht zu und hat sich oft genug als schlimm und grob gezeigt. Er ist daran gewöhnt, dass alles nach seinem Willen geschieht, niemand kann oder will ihn erziehen«.

Die erste persönliche Begegnung zwischen den jungen Eheleuten an der Grenze des neapolitanischen Königreichs verlief steif und formell, wozu auch beitrug, dass keiner die Muttersprache des anderen beherrschte. Für die kaum aufgeklärt in die Ehe gestoßene Habsburgerin waren die ersten Wochen ihres neuen Lebens offensichtlich traumatisch; denn drei Monate nach ihrer Ankunft in Neapel schrieb sie ihrer Aja, ihrer Erzieherin Gräfin Walpurga Lerchenfeld: »Ich weiß jetzt, was die Ehe ist, und habe tiefes Mitleid mit Marie Antoinette, der die Ehe noch bevorsteht. Ich gebe offen zu, daß ich lieber sterben würde, als das alles noch einmal erleben zu müssen. Wenn ich nicht durch meine Religion gelernt hätte, an Gott zu denken, hätte ich mich umgebracht, denn es war die Hölle …«.

Ihrer wichtigsten Aufgabe, für zahlreiche Nachkommen und einen Thronfolger zu sorgen, kam Maria Karolina in den kommenden Jahren in großem Umfang nach: Zwischen 1772 und 1793 gebar sie 17 Kinder. Die vielen Schwangerschaften schwächten jedoch ihre Gesundheit. Acht ihrer Sprösslinge starben bereits im Kindesalter und nur vier ihrer Kinder überlebten Maria Karolina letztlich. Die intelligente und temperamentvolle Königin fühlte sich durch ihre familiären Pflichten keineswegs ausgefüllt, sondern bemühte sich nachdrücklich darum, die Leitung der Staatsgeschäfte in ihrem Sinne zu beeinflussen und nahm seit April 1778 an den Sitzungen des Staatsrats teil. Im Gegensatz zu ihrem Ehemann studierte sie bereitwillig Akten und Schriftstücke. Zwar beklagte sich Ferdinand darüber, dass sie »um jeden Preis regieren« wolle, doch im Grunde überließ er ihr gerne das politische Terrain. Für Maria Karolina bildete Politik ihre lebenslange Leidenschaft. Ihr Machtwille stieß nicht überall auf Zustimmung, sodass ihre Gegner ihr, um ihr zu schaden, allerhand Skandale und Liebesaffären anzuhängen versuchten. Im Gegensatz zu ihrer Mutter verstand es Maria Karolina nicht, sich den Untertanen als wahre »Landesmutter« anzuempfehlen. Die tatsächlichen Bedürfnisse der Menschen und die realen Zustände in ihrem Königreich blieben ihr weitgehend fremd. Immerhin konnte sie einige Reformen anstoßen. Auf ihr Betreiben wurde eine Akademie der Wissenschaften und der schönen Literatur gegründet sowie die Ausgrabungsstätten in Pompeji und Herculaneum gefördert.

Zur Abkehr vom aufklärerischen Gedankengut führte bei ihr die Französische Revolution. Als ihre Lieblingsschwester Marie Antoinette 1793 von den Franzosen hingerichtet wurde, erfüllte sie dies mit Feindseligkeit. »Das Gefühl tiefsten Hasses für alle Angehörigen jener Nation wird mein ganzes Leben andauern«, bekannte sie offen. Da von habsburgischer Seite keine wirkliche Unterstützung für Neapel-Sizilien zu erwarten war, obwohl Maria Karolinas Neffe Kaiser Franz II. 1790 ihre Tochter Maria Theresia geheiratet hatte, suchte die Königin Rückhalt bei England.

Als Napoleon Bonapartes Stern in Europa aufzugehen begann, brachte Maria Karolina ihm zugleich Abscheu und Bewunderung entgegen. Sein militärisch-politisches Potenzial entging ihr nicht, denn 1797 stellte sie fest: »Er wird der größte Mann unseres Jahrhunderts sein.« Mit seinem Vordringen in Italien, das auch Neapel-Sizilien bedrohte, wurde er zu ihrem »Lieblingsfeind«. Als der von ihr initiierte Versuch, den von den Franzosen besetzten Kirchenstaat zu befreien, desaströs fehlschlug, musste die Königsfamilie im Dezember 1798 mit Hilfe des englischen Admirals Lord Horatio Nelson vor den anrückenden feindlichen Truppen nach Palermo fliehen. Das Leben in Sizilien sagte Maria Karolina nicht zu. Die wenig komfortablen dortigen Verhältnisse empfand sie als »afrikanisch«. Immer mehr neigte sie auf politischem Gebiet zu impulsivem und unvorsichtigem Agieren. Ihre Reise nach Wien im Frühsommer 1800, um einerseits Beistand gegen Napoleon zu erreichen, andererseits aber auch um ihre drei noch ledigen jüngeren Töchter zu verheiraten, blieb letztlich ergebnislos. Ihre Prognosen, dass es, solange Bonaparte lebe, »keine dauernde Ruhe geben« werde, weil sein Ehrgeiz »maßlos« sei, fanden in Wien kein positives Echo.

Im August 1802 kehrte die Königin nach Neapel zurück. Durch die zweijährige Trennung hatte sich das Königspaar ganz entfremdet. Ferdinand suchte sein Glück außerhalb der Ehe. Maria Karolinas Einfluss auf die politische Entwicklung des Königreichs sank. Der für Napoleon, den nunmehrigen Kaiser der Franzosen, siegreich verlaufende Dritte Koalitionskrieg zwang die Königsfamilie 1806 erneut dazu, nach Sizilien zu flüchten. Das Königreich Neapel erhielt hingegen mit Napoleons Bruder, Joseph Bonaparte, einen neuen Herrscher, dem 1808 Napoleons Schwager, Joachim Murat, als König nachfolgte. Zu ihrer ungeheuren Empörung musste Maria Karolina 1810 erleben, dass ihre älteste Enkelin, Marie Louise von Österreich, mit Napoleon, ihrem größten Feind, verheiratet wurde. Entrüstet soll sie ausgerufen haben: »Das war es, was mir in meinem Unglück noch gefehlt hat, des Teufels Großmutter zu werden!«

Im Verlauf des zweiten Aufenthalts in Sizilien verschlechterte sich Maria Karolinas Verhältnis zu den englischen Verbündeten, auf deren Unterstützung das neapolitanische Herrscherhaus angewiesen war. Durch ihr ungeschickt-unflexibles Taktieren, mit dem sie sich jedem Zugeständnis an die neue Zeit verweigerte, schadete sie sich selbst. Während Ferdinand auf Druck der britischen Regierung seinen Sohn Franz zu seinem Stellvertreter einsetzen musste, wurde die Königin 1813 genötigt, Sizilien zu verlassen. Ohne ihre Familie reiste sie daraufhin nach Wien, wo sie Anfang Februar 1814 eintraf. Sie bezog Schloss Hetzendorf, in dem sie ein weitgehend isoliertes Leben führte. Ihr Vorhaben, auf dem bevorstehenden Wiener Kongress die Rückgabe Neapels an seinen legitimen Herrscher durchzusetzen, konnte sie nicht mehr selbst verwirklichen. Maria Karolina starb am 8. September 1814 durch einen Schlaganfall. Kaum zwei Monate später heiratete ihr Mann seine langjährige Geliebte, die verwitwete Fürstin Lucia von Partanna, in morganatischer Ehe. 1815 wurde er vom Wiener Kongress wieder in seine alten Rechte eingesetzt und regierte seit 1816 als Ferdinand I., König beider Sizilien.

Marie Antoinette

* 1755 in Wien
† 1793 in Paris

Königin von Frankreich

Ihr tragisches Schicksal, das sie vom Königsthron auf das Schafott führte, ließ Marie Antoinette zu Frankreichs berühmtester Königin werden. In der Geschichtsschreibung umstritten genießt sie bis heute dank ihrer Schönheit und ihrer dramatischen Biografie in der Populärkultur große Aufmerksamkeit. Welchen Eindruck ihre vielgerühmte Schönheit bei den Zeitgenossen hinterließ, wird in den Memoiren des Grafen Alexandre de Tilly deutlich: »Ich habe viel von ihrer Schönheit gehört und gebe zu, dass ich diese Meinung niemals geteilt habe. Aber sie hatte das, was auf dem Thron wichtiger ist als vollkommene Schönheit: die Haltung einer Königin von Frankreich, und dies selbst noch in jenen Augenblicken, in denen sie nur als hübsche Frau erscheinen wollte.«

Erzherzogin Maria Antonia kam als jüngste Tochter von Kaiser Franz I. Stephan und Kaiserin Maria Theresia am 2. November 1755 zur Welt. Früh stand fest, dass sie dereinst Königin von Frankreich werden sollte. Zweck dieser anvisierten Vermählung mit dem französischen Kronprinzen Ludwig, dem Dauphin, war eine Festigung des neuen Bündnisses von Österreich mit Frankreich, dem Maria Theresia größtes Gewicht beimaß. Der Vertrag von 1756 sollte so seine familiäre Konsolidierung erfahren. Das von Kindesbeinen an als reizend geschilderte Mädchen verstand es, sich dem von Maria Theresia aufgestellten Schulungsprogramm häufig zu entziehen. Die charmante, jedoch vergnügungssüchtige Prinzessin neigte zu Oberflächlichkeit und Hochmut. Erst im Vorfeld der Heirat fielen offensichtlich die Mängel in ihrer Allgemeinbildung und in ihrer Beherrschung der französischen Sprache auf, woraufhin sie im Eilverfahren auf ihr künftiges Amt als französische Königin vorbereitet wurde. Der hierfür aus Paris geschickte Abbé de Vermond musste bald einräumen: »Aber ich konnte sie nicht daran gewöhnen, in eine Materie gründlich einzudringen, obgleich ich fühlte, daß sie dazu gar wohl fähig war.«

Im Frühjahr 1770 wurde die 14 Jahre alte Erzherzogin mit dem bloß etwas mehr als ein Jahr älteren französischen Thronfolger, einem Enkel von König Ludwig XV., verheiratet. Seit ihrer Hochzeit am 16. Mai lebte Marie Antoinette an einem der prächtigsten, aber auch intrigantesten Höfe Europas, worauf sie ihre Mutter eigens hingewiesen hatte: »Hier gibt es nur Kindereien und Eifersüchteleien um nichts, andernorts ist es sehr viel ernster.« Um die blutjunge und unerfahrene Tochter weiterhin lenken zu können, wurde dieser von der Kaiserin aufgetragen, ihr nicht nur oft zu schreiben, sondern auch die strikten mütterlichen Instruktionen aus dem ihr am Tag der Abreise ausgehändigten Leitfaden zu beherzigen. Wider Erwarten gestaltete sich Marie Antoinettes Ehe schwierig. Der Dauphin war schwermütig, schüchtern und bedauerlicherweise impotent. Der jahrelange Nichtvollzug der Ehe beschäftigte als folgenreiche Staatsangelegenheit die europäischen Kabinette. Beunruhigt vertraute Maria Theresia ihrem Gesandten Graf Florimund Mercy d'Argenteau 1774 an: »Die Kälte des Dauphins, eines zwanzigjährigen Ehemanns, einer schönen Frau gegenüber ist mir unbegreiflich. Trotz aller Beteuerungen der Fakultät verdichtet sich in mir ein Argwohn über das körperliche Befinden des Prinzen«. Auf Marie Antoinettes Position am französischen Königshof, wo sie zunächst wegen ihrer liebenswürdigen Art Anklang fand, wirkte sich ihre lange Kinderlosigkeit als belastend aus. Erst nach einem Besuch seines Schwagers, Kaiser Josephs II., ließ sich Ludwig 1777 operieren, sodass die Ehe vollzogen werden konnte. Von den danach geborenen vier Kindern des Königspaares sollte lediglich Prinzessin Marie-Thérèse-Charlotte, »Madame Royale«, die Französische Revolution überleben.

Nach dem Tod König Ludwigs XV. am 10. Mai 1774 bestieg sein Enkel als Ludwig XVI. den Thron. Weder er noch seine Ehefrau besaßen die dafür nötige Reife. Frankreich befand sich damals in einer Phase wirtschaftlicher und politischer Schwäche. Kaiserin

Maria Theresia hegte zu Recht Befürchtungen: »Sie beide sind sehr jung, und die Bürde ist groß. Ich bin darüber besorgt, ja wirklich beunruhigt.« Schon nach kurzer Zeit wurde Marie Antoinette als leichtsinnige und verschwenderische Königin kritisiert. Ihr Hauptinteresse galt Modefragen, ausgefallenen Frisuren und kostbarem Schmuck, wofür sie sich verschuldete. Die enormen Ausgaben für die aufwendige Neuausstattung des ihr geschenkten Schlosses Le Petit Trianon erregten die Gemüter ebenso wie ihre Leidenschaft für Glücksspiele. Ihr nachlässiger Umgang mit der Hofetikette und ihre Günstlingswirtschaft riefen bei vielen Höflingen Empörung hervor und gelangten dadurch an eine breitere Öffentlichkeit. Man munkelte außerdem über allerlei Romanzen der Königin. Der Charakter ihrer Beziehung zu dem schwedischen Adeligen Axel von Fersen gibt immer noch Rätsel auf. Auch ihre Einmischung in politische Angelegenheiten stieß auf Missfallen. Nach Maria Theresias Tod im November 1780 wünschte Joseph II., dass seine Schwester die österreichischen Interessen vertreten solle. Marie Antoinette, die zeitlebens an ihrem ältesten Bruder besonders hing, geriet deswegen in Konflikt mit dem französischen Außenminister Charles Gravier, Graf von Vergennes, der keinen Ausbau der Vormachtstellung Österreichs wollte. Wie minimal ihr Einfluss in Wirklichkeit war, betonte sie selbst in einem Brief vom September 1784 an Joseph: »Ich täusche mich nicht über meinen Einfluss, ich weiß, dass ich vor allem in der Politik keinen großen Einfluss auf die Entscheide des Königs habe. Wäre es klug von mir, wenn ich mit seinem Minister über Dinge stritte, bei welchen es so gut wie sicher ist, dass der König mich nicht unterstützen wird? Ohne damit großzutun oder zu lügen, bemühe ich mich, nach außen den Anschein zu erwecken, dass ich größeren Einfluss habe, als ich tatsächlich besitze. Denn wenn man dies nicht glauben würde, wäre mein Einfluss noch geringer.« Dessen ungeachtet wurde sie als »l'Autrichienne« (›die Österreicherin‹) in Schmähschriften verunglimpft. Ihre Versuche, eine die Missstände in Frankreich beseitigende Reformpolitik zu hintertreiben, trugen ebenso zu ihrer Unbeliebtheit bei wie die bis heute nicht in allen Einzelheiten aufgeklärte »Halsbandaffäre« von 1785/86.

Im Mittelpunkt des Skandals stand ein Diamantcollier, das mittels betrügerischer Verwendung des Namens der ahnungslosen Königin abhandenkam. In die undurchsichtige Affäre verwickelt waren u. a. die Gräfin Jeanne de La Motte als eigentliche Drahtzieherin des Betrugsmanövers und der Kardinal Louis René Edouard von Rohan-Guémené als Betrugsopfer. Zum Zeitpunkt des Vorfalls wurde Frankreich, dessen Schuldenberg durch die Beteiligung am Amerikanischen Unabhängigkeitskrieg enorm angewachsen war, von einer schweren Finanzkrise gebeutelt. Mit ihrem Beharren auf ihrem luxuriösen und kostspieligen Lebensstil hatte Marie Antoinette ihrem Ansehen in der Öffentlichkeit so geschadet, dass man in weiten Kreisen geneigt war, an eine Mitwirkung der Königin in dem üblen Gaunerstück zu glauben. Laut Johann Wolfgang von Goethe wäre der Skandal nicht möglich gewesen, »hätte der Leichtsinn der Königin nicht selbst den Grundstein gelegt und ihr schlechter Ruf dabei die Leiter gehalten.« Marie Antoinettes Forderung nach dem Statuieren eines Exempels erwies sich als gefährlicher Bumerang. Obgleich sich ihre Unschuld in dem deshalb angestrengten Sensationsprozess bestätigte, ruinierte die Angelegenheit nicht nur ihre Reputation, sondern fügte auch dem Renommee der französischen Monarchie und der führenden Gesellschaftsschichten des Ancien Régime beträchtlichen Schaden zu. Marie Antoinettes Versuche, ihrem miserablen Image in der Folge abzuhelfen und den bösen Gerüchten über sie und ihren Lebenswandel gegenzusteuern, verschlimmerten die Lage noch.

Durch die Versammlung der Generalstände 1789 erfuhr die politische Krise in Frankreich eine Steigerung, da sich der König, ein eher schlichtes Gemüt, nicht zu einer konsequenten Haltung durchringen konnte. Er lehnte die Revolution ab und duldete sie zugleich. Maria Antoinettes Ratschläge, die auf eine Stärkung der Königsmacht abzielten, trugen zu einer Radikalisierung der Situation bei. Nachdem sie am 10. Juli 1789 die Entlassung von Finanzminister Jacques Necker und die Bildung eines »Kriegskabinetts« ausgelöst hatte, eskalierte die Lage. Mit dem Aufstand des 14. Juli und der Erstürmung der Bastille, dem Staatsgefängnis, erlitt die französische Monarchie ihre erste Niederlage. Durch den Aufstand der Pariser Marktfrauen am 5. Oktober kam die königliche Familie unter die Kontrolle des Volkes; denn statt im Versailler Schloss musste die Königsfamilie nun im Tuilerienpalast in Paris residieren. Mit ihrer gescheiterten Flucht im Juni 1791 verschlechterte sich die Situation für die Herrscherfamilie weiter. Marie Antoinette sah daraufhin nur im Krieg die Chance, die absolute Monarchie zu retten. Mit ihrer Doppelstrategie, einerseits den Anhängern einer konstitutionellen Monarchie entgegenzukommen und andererseits diese niederhalten zu wollen, erregte sie bei den übrigen Höfen Missfallen.

Marie Antoinettes Neffe Kaiser Franz II., der seit März 1792 in Wien regierte, war entschlossen, die Revolution niederzuzwingen, weshalb es am 20. April 1792 zur Kriegserklärung kam. Die ersten Niederlagen der französischen Armee und die Invasion durch preußische Truppen führten die Revolution des 10. August 1792 herbei. Die Lage radikalisierte sich, die gemäßigten Kräfte gerieten ins Abseits, die Monarchie wurde abgeschafft und die königliche Familie interniert. Nachdem Ludwig XVI. am 21. Januar 1793 hingerichtet worden war, wurde Mitte Oktober seine Witwe vor das »Gericht der Revolution« gestellt. Am 16. Oktober 1793 wurde die vorzeitig gealterte Habsburgerin nach einem Schauprozess, in dem sie u. a. einer inzestuösen Beziehung zu ihrem Sohn bezichtigt wurde, erwartungsgemäß wegen Hochverrats zum Tode verurteilt. Kurz vor ihrer Hinrichtung schrieb sie an ihre inhaftierte Schwägerin Madame Elisabeth: »Ich bin soeben verurteilt worden, nicht zu einem schimpflichen Tod, denn schimpflich ist er nur für Verbrecher, sondern dazu, mit Eurem Bruder wiedervereinigt zu werden, unschuldig wie er. Ich hoffe, dass ich in den letzten Augenblicken die gleiche Festigkeit wie er zeigen werde. Ich bin ruhig, wie man es ist, wenn das Gewissen einem nichts vorwürft. Zutiefst bedaure ich, dass ich meine armen Kinder verlassen muss. […] Ich vergebe allen meinen Feinden das Leid, das sie mir angetan haben.« Am 16. Oktober 1793 wurde Marie Antoinette, die bis zuletzt Haltung zu bewahren wusste, öffentlich durch die Guillotine enthauptet.

Maria Leopoldine

* 1776 in Mailand
† 1848 bei Wasserburg

Kurfürstin von Pfalz-Bayern

Die pfalz-bayerische Kurfürstin Maria Leopoldine, die aus der italienischen Nebenlinie Österreich-Este des habsburgischen Kaiserhauses stammte, sorgte schon zu Lebzeiten durch ihr unkonventionelles Verhalten für Gesprächsstoff und gab Anlass zur Legendenbildung. Sie gehörte zu den wenigen Habsburgerinnen, die sich bewusst gegen die für sie vorgesehene Rolle als politische Schachfigur auflehnten und zu einer beeindruckend eigenständigen Persönlichkeit entwickelten. Sie selbst vertrat die Auffassung: »Ich habe viele Fehler, bin aber sicherlich besser als man mich beurteilt«.

Sie wurde am 10. Dezember 1776 als drittes Kind von Erzherzog Ferdinand und dessen Ehefrau Maria Beatrix, der Erbtochter des Herzogs von Modena, geboren. Ihr Vater, der viertälteste Sohn der Kaiserin Maria Theresia, fungierte als Gouverneur der Lombardei. Obwohl die Ehe von Maria Leopoldines Eltern politisch verabredet war, galt sie als glücklich, was der Prinzessin eine unbeschwerte Kindheit und Jugend im Kreis von sieben Geschwistern bescherte. Ihre Erziehung richtete sich nach den Prinzipien des Wiener Hofs. Rückblickend beurteilte Maria Leopoldine ihre Ausbildung äußerst kritisch; denn missbilligend stellte sie fest, dass sie in einer Zeit erzogen wurde, »wo man dachte, daß die Damen und besonders die Prinzessinnen nicht viel Bildung nötig hätten, man gab uns einen ziemlich unausgesprochenen Begriff von der Geschichte, man brachte uns Sprachen bei und angenehme Künste, für die wir oft gar keine Veranlagung hatten, und man vernachlässigte das Wichtigste, unser Herz und unseren Geist zu bilden. Bestimmt, Opfer des Herkommens der Politik der Höfe zu werden, verfügte man über unsere Persönlichkeit und fand es sehr bequem, über kleine sehr willige Dummköpfe zu verfügen, die unfähig waren, den Zwang zu empfinden, den man auf ihre Persönlichkeit ausübte und folglich keinen Widerstand dagegen leisteten.«

Die Wiener Regierung hatte sich seit Längerem darum bemüht, Bayern durch Tausch zu erwerben. Der pfalz-bayerische Kurfürst Karl Theodor, der nie ein enges Verhältnis zu seinen 1777 geerbten bayerischen Landesteilen besaß, hatte sich diesen Plänen nicht abgeneigt gezeigt, aber sowohl die erbberechtigten Mitglieder der Wittelsbacher Linie Pfalz-Zweibrücken als auch die bayerischen Patrioten der ständischen Opposition hatten ebendas zu verhindern gewusst. Um die Erbfolge der Pfalz-Zweibrücker in Bayern abzuwenden und so doch noch die Tauschpläne zu verwirklichen, arrangierte der Wiener Hof im Februar 1795 eine Ehe der jungen Maria Leopoldine mit dem 52 Jahre älteren, erst seit wenigen Monaten verwitweten Kurfürsten Karl Theodor, der keinen legitimen männlichen Erben vorzuweisen hatte. Der bereits von Schlaganfällen geschwächte Karl Theodor erhoffte sich von dieser zweiten Ehe einen gesunden männlichen Nachkommen, um die Thronnachfolge seiner Zweibrücker Verwandten zu vereiteln. Die Heirat fand am 15. Februar 1795 in der Innsbrucker Hofburg statt.

Die kluge und temperamentvolle, aber auch eigensinnige Maria Leopoldine, die man gegen ihren Willen in diese Ehe mit einem alten und verbrauchten Mann gedrängt hatte, ging schon kurze Zeit nach der Hochzeit eigene Wege. Ihre Ehe mit Karl Theodor entwickelte sich zu einem Fiasko und blieb kinderlos. Die junge Kurfürstin kündigte ihrem Gatten die eheliche Gemeinschaft auf und ließ sich mehrfach auf Liebschaften mit anderen Männern ein. Das resignierte Angebot des Kurfürsten, er werde jedes Kind von ihr als legitim anerkennen, stieß auf kein positives Echo bei ihr. Sie durchkreuzte damit nicht nur die Hoffnungen Karl Theodors, sondern auch jene der Wiener Regierung, die sich von ihr einen verstärkten österreichischen Einfluss in München versprochen hatte. Maria Leopoldine ergriff stattdessen Partei für den Zweibrücker Erben, Herzog Max Joseph. Nachdem sie ihn bei einem

Besuch in München im April 1795 kennengelernt hatte, freundete sie sich mit ihm an und ging sogar zeitweise eine Beziehung mit ihm ein.

Als Kurfürst Karl Theodor im Februar 1799 im Sterben lag, verhinderte Maria Leopoldine den Versuch des österreichischen Gesandten, ihren Ehemann im letzten Moment zum Tausch Bayerns gegen die Niederlande zu bewegen. Sie sorgte dafür, dass Max Joseph von Pfalz-Zweibrücken umgehend nach München kam und ebnete diesem hierdurch den Weg zur Übernahme der Macht in Bayern. In ihrer dringlichen Depesche hatte sie ihm versichert: »Bedenken Sie, daß Sie mein einziger Rückhalt sind, und daß ich, solange Sie mir gewogen sind, es mir immer zur Ehre gereichen lasse, gänzlich dem Hause Pfalz anzugehören.« Auf die damals entscheidende Frage, ob sie vom Kurfürsten ein Kind erwarte, antwortete Maria Leopoldine mit Nein. Die Einverleibung Bayerns in das Habsburgerreich hatte sie damit konsequent zu hintertreiben gewusst.

Wegen ihres Einsatzes für die Zweibrücker Wittelsbacher, die neue regierende Dynastie in Bayern, genoss Maria Leopoldine zeitlebens eine privilegierte Sonderstellung an deren Hof und konnte auf Verständnis gegenüber ihren nicht zu allen Zeiten standesgemäßen Aktivitäten rechnen. Aus diesem Grund beschloss sie, ihren Lebensmittelpunkt in Bayern beizubehalten; denn sie war nicht gewillt, sich erneut in Abhängigkeit von ihrer habsburgischen Familie zu bringen. Mit ihrer schillernden Persönlichkeit verlieh sie der Münchner Hofgesellschaft besondere Farbigkeit. Aufgrund ihrer unabhängigen Position drohte ihr dabei nicht das Schicksal, »das Opfer der Klatschereien der Höflinge zu sein«.

Am 14. November 1804 ging sie eine zweite, aber morganatische Ehe mit dem drei Jahre älteren Ludwig Graf von Arco ein, was ihre Eltern nie akzeptierten. Die Eheschließung änderte somit nichts an Maria Leopoldines Status und Titel als verwitwete Kurfürstin von Bayern. Sie gehörte weiterhin zum engeren Kreis der bayerischen Herrscherfamilie und behielt auch ihre großzügige Witwenapanage bei. Aufgrund der hochgradigen Wesensunterschiede der Ehepartner entwickelte sich die Verbindung nicht sehr glücklich, sodass sie es schon bald vorzogen, getrennt voneinander zu leben. Immerhin erfüllte diese zweite Ehe Maria Leopoldines dringenden Kinderwunsch. Ihre beiden Söhne, der 1808 geborene Aloys und der 1811 geborene Maximilian, begründeten die Linien der Grafen von Arco-Stepperg und der Grafen von Arco-Zinneberg. Die 1814 geborene Tochter Caroline wurde hingegen nur wenige Wochen alt. Den innig geliebten Söhnen ermöglichte Maria Leopoldine nicht bloß eine sorgfältige und umfassende Ausbildung, sondern sie versorgte sie auch finanziell auf das Großzügigste. Zum Missfallen vieler Hofangehöriger nahm sich die Habsburgerin nach ihrer zweiten Heirat genauso die Freiheit, Liebschaften einzugehen und sich nonchalant über die damals für Frauen geltenden Konventionen hinwegzusetzen.

Die sowohl geistig als auch materiell wie kaum eine andere Frau ihrer Zeit unabhängige Maria Leopoldine interessierte sich zwar immer sehr für Politik, doch trotz ihres guten Verhältnisses zu den in München herrschenden Monarchen, war es ihr nicht möglich, deren Politik zu beeinflussen. Die kosmopolitisch eingestellte Habsburgerin pflegte sich ihre Meinungen selbst zu bilden und keinen vorgegebenen Denkmustern zu folgen. Obwohl König Ludwig I. von Bayern bei ihrem Tod hervorhob, dass er mit ihr »gerne Politik betreffende Gespräche hatte«, ließ er sich in seinen Entscheidungen davon keineswegs leiten. Ihre wesentlich liberalere Grundhaltung und vor allem ihre Sympathien für Frankreich stießen bei Ludwig, der lebenslang eine tiefe persönliche Abneigung gegenüber Frankreich hegte, auf kein positives Echo. Geschätzt wurden von ihm dagegen ihre Fähigkeiten als »Netzwerkerin« beim Zustandekommen der Ehe seines Sohnes Luitpold, des späteren bayerischen Prinzregenten, mit Auguste Ferdinande von Österreich-Toskana und bei der Heirat seiner Tochter Adelgunde mit dem späteren Herzog Franz V. von Modena.

Maria Leopoldine verstand es, mit manchmal durchaus gewagten Finanzoperationen ein großes Vermögen anzuhäufen und zur reichsten Frau Bayerns aufzusteigen. Anfänglich hatte sie sich hauptsächlich auf den Erwerb von landwirtschaftlichen Gütern und Brauereien konzentriert, um deren Bewirtschaftung sie sich persönlich intensiv kümmerte, da sie der Auffassung war, »daß Beschäftigung den Menschen nötig ist, um gut zu bleiben«. In späteren Jahren widmete sie sich vorzugsweise der Vergrößerung ihres Barvermögens und fand Geschmack an Börsenspekulationen und am Handel mit Wertpapieren. Sie besaß hierbei eine besonders glückliche Hand. 1837 gewann sie etwa an der Pariser Börse bei Spekulationen mit Eisenbahnaktien eine Million Gulden. Maria Leopoldine hatte allerdings nicht nur die Vermehrung ihrer Gelder im Sinn, sondern zeigte auch soziales Engagement und unterstützte Notleidende.

Ihre beachtlichen Reichtümer und ihre an Geiz grenzende Sparsamkeit sorgten bei ihrem tragischen Unfalltod für allerlei Gerede. Als sie am 23. Juni 1848 beim Sturz ihrer Kutsche bei Wasserburg am Inn zu Tode kam, wurde behauptet, dass die 72 Jahre alte Maria Leopoldine von ihrer eisenbeschlagenen Geldkassette erschlagen worden sei.

Vom Kaisertum Österreich bis zum Ende der Habsburgermonarchie

Mit Napoleon Bonapartes Auftritt auf der europäischen Bühne geriet die altvertraute Welt der Habsburger ins Wanken. In den Koalitionskriegen gegen Frankreich, in denen Napoleon zur Schlüsselfigur seiner Epoche wurde, erlitt die habsburgische Monarchie schwere militärische Niederlagen und herbe Gebietseinbußen. Im Zuge der Umgestaltung der europäischen Landkarte drohte ihr der Verlust ihrer Großmachtstellung. Unter dem Eindruck von Napoleons Kaiserproklamation nahm Kaiser Franz II. 1804 den Titel eines erblichen »Kaisers von Österreich« an: »Wir sehen uns demnach zur dauerhaften Befestigung dieser vollkommenen Ranges-Gleichheit veranlaßt und berechtigt, nach den Beyspielen, welche in dem vorigen Jahrhunderte der rußisch-kayserliche Hof, und nunmehr auch der neue Beherrscher Frankreichs gegeben hat, dem Hause von Österreich in Rücksicht auf dessen unabhängige Staaten den erblichen Kaisertitel gleichfalls beyzulegen.« Als Franz I. war der Habsburger jetzt Kaiser von Österreich. Für zwei Jahre blieb er – mit dem alten, noch bestehenden römisch-deutschen Kaisertum – ein Doppelkaiser, bis er 1806 unter dem Druck Napoleons das Heilige Römische Reich auflöste und die Reichsstände ihrer Pflicht entband. Er reagierte damit auf den »Rheinbund«, den 16 deutsche Fürsten auf Veranlassung Napoleons und unter Lossagung vom Reich ins Leben gerufen hatten. Am 6. August 1806 legte Franz die Reichskrone nieder. Fortan trug er als Franz I. nur noch den erblichen österreichischen Kaisertitel.

Nach dem Sieg der alten Monarchien über Napoleon kam es auf dem Wiener Kongress 1814/15 unter der Leitung des Fürsten Metternich, der seit 1809 als Außenminister Österreichs Geschicke lenkte, zu einer Neuordnung Europas. Während Österreich auf die habsburgischen Niederlande und Vorderösterreich verzichtete, bekam es Tirol und seine anderen Besitzungen in den Ostalpen zurück und konnte sein Territorium mit neuen Erwerbungen in Galizien, Oberitalien und Dalmatien abrunden. Die habsburgischen Sekundogenituren in Italien wurden wieder eingesetzt, und Österreich wurde zur Vormacht in Deutschland und Südosteuropa. Im Deutschen Bund, der aus den deutschen Einzelstaaten gebildet wurde, erhielt es das Präsidium, wenngleich es lediglich mit einem Teil seines Staatsgebiets innerhalb der Bundesgrenzen lag.

In den Jahrzehnten nach dem Wiener Kongress wurde die Politik des Kaiserreichs weiterhin von Metternich geprägt. Während Franz I. seinem Staatskanzler, den er 1813 zum Fürsten erhoben hatte, in der Außenpolitik meistenteils freie Hand ließ, beschränkte er dagegen dessen Allmacht in der Innenpolitik. Weil der Kaiser sowie Metternich auf dem Gottesgnadentum des Herrschers beharrten, wurden liberale Ideen wie Pressefreiheit, allgemeines Wahlrecht und Gewaltenteilung mit polizeistaatlichen Methoden unterdrückt. Wegen dieser reaktionären Politik wuchs in der Bevölkerung zunehmend die Unzufriedenheit. Zur größten Bedrohung für den österreichischen Vielvölkerstaat entwickelte sich jedoch der Nationalismus, der im frühen 19. Jahrhundert aufgekommen war.

Gemäß dem von Metternich verfochtenen Legitimitätsprinzip folgte nach dem Tod von Franz I. 1835 dessen Sohn Ferdinand I. auf den Thron nach. Dieser war aufgrund eines Epilepsieleidens weitgehend regierungsunfähig und galt als geistig zurückgeblieben. Erzherzogin Sophie, die Mutter des späteren Kaisers Franz Joseph I., warf deshalb Metternich vor, »daß er eine unmögliche Sache wollte: Die Monarchie ohne Kaiser führen und mit einem Trottel als Repräsentanten der Krone«. Eine noch von Franz I. eingesetzte Staatskonferenz unter der Leitung Fürst Metternichs übernahm für Ferdinand die Regierung. Der Einfluss des Fürsten verstärkte sich in dieser Zeit geradezu zwangsläufig. Um dem kaiserlichen Autoritätsverlust entgegenzusteuern, wurde 1839 ein »Familienstatut« erlassen, das den Kaiser in seiner Eigenschaft als Familienoberhaupt zum Herrscher über alle Familienangehörigen machte. Er bestimmte allein über Apanagen und Eheschließungen. Das Familienstatut listete im Anhang eigens die Namen jener Hochadelsgeschlechter auf, die als ehewürdig galten. Vor allem unebenbürtige Ehen der männlichen Familienmitglieder wurden bei fehlender kaiserlicher Bewilligung hart abgestraft. Die jeweiligen Erzherzöge wurden daraufhin aus dem Haus Habsburg ausgeschlossen und büßten damit nicht nur ihren adeligen Rang, sondern üblicherweise auch ihren Lebensunterhalt ein.

Als 1848 vielerorts in Europa die Revolution ausbrach, führte dies in Wien zum Sturz Metternichs und seines weithin verhassten Systems. Zwar scheiterte die mit Waffengewalt unterdrückte Revolution letztlich, doch die revolutionären Ereignisse ließen einen Thronwechsel geraten erscheinen, um so der Monarchie wieder Standfestigkeit zu verleihen. Kaiser Ferdinand I. musste im Dezember 1848 zugunsten seines jungen Neffen Franz Joseph abdanken. Franz Joseph I. hing dem Ideal einer absoluten Monarchie an und lehnte jegliche Form von Verfassung ab. Nach der Niederschlagung der Aufstände in Italien und mit der Hilfe Russlands in Ungarn war er bestrebt, den Kaiserstaat auf einer absolutistisch-zentralistischen Basis zu erneuern. In der Anfangszeit seiner Regierung spielte seine durchsetzungsfähige Mutter Erzherzogin Sophie eine politisch einflussreiche Rolle, aus deren ultrakonservativem Umfeld die Minister und Berater des Kaisers stammten.

Eine Wende lösten die schweren militärischen Niederlagen in den Kriegen um die italienische Unabhängigkeit 1859 und die deutsche Einigung 1866 aus. Franz Joseph musste den Verlust der Lombardei und Venetiens hinnehmen, die zu Bestandteilen des neugebildeten Königreichs Italien wurden. Die italienischen Nebenlinien der Habsburger büßten ihre Throne ein und waren gezwungen, ins österreichische Exil zu gehen, wo sie in völliger Abhängigkeit vom gestrengen Familienoberhaupt Franz Joseph lebten. Der Kaiser bediente sich dabei gnadenlos des Familienstatuts, um widerspenstige Verwandte zu disziplinieren, was für einige mit dem rigorosen Ausschluss aus dem Haus und der Einbuße der damit verbundenen Privilegien endete. Unter der kaiserlichen Härte hatten auch die Thronfolger zu leiden. Franz Josephs einziger Sohn, der intellektuell veranlagte Kronprinz Rudolf, stand vielfach in diametralem Gegensatz zum Vater. Innerlich zerrissen und moralisch haltlos geworden, beging Rudolf 1889 zusammen mit seiner Geliebten, der Baronesse Mary Vetsera, im Jagdschloss Mayerling Selbstmord. Durch die Vertuschungsversuche des Hofs wirkte sich die Mayerling-Affäre belastend für die Monarchie aus. Genauso wie Rudolf wurde der nächste Thronfolger, Erzherzog Franz Ferdinand, von den Regierungsgeschäften ferngehalten. Das Verhältnis des Kaisers zu seinem Neffen war durch dessen unstandesgemäße Heirat mit der böhmischen Gräfin Sophie Chotek beeinträchtigt. Ihm wurde nur eine morganatische Ehe zugestanden, die seine Gattin und Kinder aus der kaiserlichen Familie ausschloss.

Der verlorene Krieg gegen seinen alten Rivalen Preußen kostete Österreich 1866 seine dominierende Stellung im Deutschen Bund. Auf die Gründung des zweiten Deutschen Kaiserreichs unter preußischer Führung 1870/71 konnte Österreich keinen Einfluss mehr nehmen. Schon bald überflügelte das Deutsche Reich den über- und multinationalen Habsburgerstaat mit großem nationalen Selbstbewusstsein und wirtschaftlicher Kraft. Außenpolitisch blieben die beiden Monarchien jedoch aufeinander fixiert.

Um zumindest in Mittel- und Südosteuropa die Vorherrschaft zu bewahren, war eine Liberalisierung und grundlegende Neuordnung des Vielvölkerstaates nötig. Im sogenannten Ausgleich mit Ungarn ging aus dem Kaiserreich Österreich 1867 die Doppelmonarchie Österreich-Ungarn hervor. Die zwei eigenständigen Staaten Österreich und Ungarn blieben in der Person des Monarchen wie auch in einem komplizierten Regierungs- und Finanzierungssystem miteinander verbunden. Franz Joseph trug seitdem die österreichische Kaiserkrone und die ungarische Königskrone. Darüber hinaus bestand in den Bereichen Außenpolitik, Armee und Finanzen eine Realunion der beiden Länder, die aber innenpolitisch ab 1867 eine unterschiedliche Entwicklung nahmen. Während in der österreichischen Reichshälfte ein bürgerlicher Rechtsstaat entstand, blieb in Ungarn trotz parlamentarischer

Verfassung der Großadel tonangebend. Die bedeutenden Vorrechte, die der Ausgleich den Deutschen und Ungarn einräumte, beförderten den Nationalismus bei den benachteiligten Völkern, die ähnliche Rechte für sich forderten. Vor allem die Tschechen pochten auf eine vergleichbare Stellung. Die späte Regierungszeit Franz Josephs wurde daher vom Nationalitätenkonflikt bestimmt.

Im Südosten des Habsburgerreichs, auf dem Balkan, stießen die Großmachtinteressen Österreich-Ungarns und Russlands aufeinander. Hier erwiesen sich die panslawistischen Ideen als gefährlich für den Fortbestand der Donaumonarchie. Als Kompensation für seine Verluste in Italien und Deutschland annektierte Österreich-Ungarn 1908 die ehemals türkisch-osmanischen Provinzen Bosnien und Herzegowina und geriet dadurch in Konfrontation mit dem seit 1878 unabhängigen Königreich Serbien, dem ein weiterer Machtzuwachs Österreichs unerwünscht war. Die Krise auf dem Balkan mündete schließlich in den Ersten Weltkrieg. Nach der Ermordung des besonders in Serbien verhassten österreichischen Thronfolgers Franz Ferdinand und seiner Gemahlin Sophie durch serbische Nationalisten im Juni 1914 in Sarajewo und der einen Monat später erfolgten Kriegserklärung Österreich-Ungarns an Serbien lösten die verschiedenen Bündnisverpflichtungen und Geheimverträge der Großmächte den Ersten Weltkrieg aus.

Mitten im Krieg starb Kaiser Franz Joseph I. am 21. November 1916 nach fast 70-jähriger Regierungszeit. Mit ihm verschwand zugleich jene Symbolfigur, die die mit einer Menge von sozialen und nationalen Problemen behaftete Monarchie noch zusammengehalten hatte. Gerade wegen seiner langen Regentschaft und seiner von Leid überschatteten Familiengeschichte hatten sich ihm viele Untertanen verbunden gefühlt. Franz Josephs Großneffe und Nachfolger, Kaiser Karl I., konnte diese Lücke nicht ausfüllen. Auf sein hohes Amt fatalerweise nicht wirklich vorbereitet, blieben seine von aufrichtigem Wollen getragenen, aber ungeschickten Versuche, einen Friedensschluss herbeizuführen und damit den Zusammenbruch der Monarchie und den drohenden Zerfall des Vielvölkerreichs aufzuhalten, erfolglos. Als sich nach dem Waffenstillstand die Armee aufzulösen begann, verlor das

Habsburgerreich seine letzte Stütze. Am 11. November 1918 verzichtete der junge Kaiser für die österreichische Reichshälfte auf »jeden Anteil an den Staatsgeschäften«. Zwei Tage später unterzeichnete er in seiner Eigenschaft als König von Ungarn eine ähnlich klingende Verlautbarung. Einen ausdrücklichen Thronverzicht enthielten beide Erklärungen nicht.

Franz II./I.

* 1768 in Florenz
† 1835 in Wien

Römisch-deutscher Kaiser, Kaiser von Österreich

Der als »guter Kaiser Franz« in die Geschichtsbücher eingegangene Kaiser Franz II./I. kam am 12. Februar 1768 als ältester Sohn des späteren Kaisers Leopold II. und der Bourbonin Maria Ludovica von Spanien zur Welt. Da er der erste männliche Enkel der Kaiserin Maria Theresia war, stellte seine Geburt ein wichtiges Ereignis für das Haus Habsburg dar. Seine Kindheit verlebte er in Florenz, wo sein Vater damals als Großherzog der Toskana regierte. Als 16-Jähriger wurde er von seinem kinderlosen Onkel Kaiser Joseph II. nach Wien geholt, um dort zu dessen künftigem Nachfolger erzogen zu werden. Joseph entgingen dabei weder die charakterlichen Schwächen des Neffen noch seine mühsamen Ausbildungsfortschritte, weshalb er nicht mit Kritik sparte: »Er verkörpert, kurz gesagt, einen Weichling, einen Schwächling ohne Fähigkeiten, gewöhnt, geführt zu werden, für einen Staatsmann ungeeignet […] Er spricht undeutlich, verwendet derbe Ausdrücke, hat eine bellende Stimme und verschluckt seine Worte, teils aus Faulheit, teils aus Unachtsamkeit, teils aus unangebrachter Schüchternheit.« Auf die Persönlichkeitsentwicklung des jungen Erzherzogs wirkten sich diese Vorhaltungen nicht unbedingt positiv aus, sondern vergrößerten eher noch die Neigung zu phlegmatischer Halsstarrigkeit, mangelnder Entschlusskraft und distanzierter Gefühlskälte. Der überforderte Thronfolger versuchte die fehlende intellektuelle Brillanz durch Strebsamkeit und Pflichteifer auszugleichen. Seine Sammelleidenschaft für Bücher und Grafiken ließ eine umfangreiche Privatbibliothek entstehen, die heute ein wichtiger Bestandteil der Österreichischen

Nationalbibliothek ist. Ein weiteres Interessensgebiet von Franz war die Botanik. Außerdem spielte er gerne Violine. Obwohl er seine ganze Kindheit in Italien verbracht hatte, bevorzugte er seit seinen Wiener Anfangsjahren die deutsche Sprache in Form der österreichischen Mundart.

Nach dem Tod Josephs II. im Februar 1790 leitete Franz die Staatsgeschäfte bis zum Eintreffen seines Vaters. Schon zwei Jahre später trat er selbst als Franz II. die Thronnachfolge an, da Kaiser Leopold II. am 1. März 1792 völlig unerwartet starb. Sein Regierungsantritt vollzog sich in einer Zeit massiven politischen und sozialen Wandels in Europa, das von der Französischen Revolution in seinen Grundfesten erschüttert wurde. Den jungen Herrscher bestärkten diese Vorgänge in seiner konservativen Grundeinstellung. Passend zu seiner Neigung zum Altbewährten ließ er sich deshalb im Schlosspark von Laxenburg zwischen 1798 und 1801 die Franzensburg als romantische Nachahmung einer mittelalterlichen Ritterburg errichten. In rascher Folge wurde Franz nicht nur im Sommer 1792 zum König von Ungarn und König von Böhmen gekrönt, sondern ebenso zügig ging seine Wahl zum deutschen Kaiser vonstatten. Am 14. Juli fand seine Kaiserkrönung in Frankfurt am Main statt.

Wenige Wochen nach seiner Regierungsübernahme begann mit der französischen Kriegserklärung eine Serie von Kriegen mit Frankreich, die sich über mehr als 20 Jahre erstreckte und nur durch kurze Friedensperioden unterbrochen wurde. Sein großer Gegenspieler wurde Napoleon Bonaparte. Dank dieser Konflikte besaß die Außenpolitik für Franz in den ersten Jahrzehnten seiner Regierung eindeutig Priorität, wenngleich ihm bloß wenig Handlungsspielraum blieb. In den vier Kriegen bis 1809, die alle mit Niederlagen Österreichs endeten, legte Franz ein beachtliches Beharrungsvermögen an den Tag, obwohl seine Residenzstadt Wien zweimal von den Franzosen besetzt wurde, jeder Friedensschluss sein Herrschaftsterritorium reduzierte und der Großmachtstatus der Habsburgermonarchie dadurch bedroht war. Noch stärker setzte Franz II. der Zerfall des Heiligen Römischen Reichs zu. Schon der Reichsdeputationshauptschluss von 1803, der trotz seines Protestes zu einer Säkularisierungs- und Mediatisierungswelle mit tiefgreifenden territorialen und verfassungsrechtlichen Veränderungen im Reich geführt hatte, schmälerte die Macht des Reichsoberhaupts enorm. Nachdem sich Napoleon ein Jahr später zum erblichen Kaiser der Franzosen aufgeschwungen hatte, nahm Franz am 11. August 1804, um einem voraussehbaren Statusverlust zuvorzukommen, den Titel eines Kaisers von Österreich an. Er verzichtete aber auf eine Krönung. Das universale abendländische römische Kaisertum zerbrach endgültig, als sich im Juli 1806 der unter Napoleons Protektorat stehende Rheinbund bildete, zu dem sich eine Vielzahl deutscher Fürsten bei gleichzeitiger Austrittserklärung aus dem Reichsverband zusammenschloss. Franz sah sich daher am 6. August 1806 dazu genötigt, das Reich für aufgelöst zu erklären und die römische Kaiserkrone niederzulegen. Die fast 850-jährige Geschichte des Heiligen Römischen Reichs Deutscher Nation, in der die Habsburger mit 21 Königen und Kaisern eine herausragende Rolle gespielt hatten, ging damit zu Ende.

Einen hohen Stellenwert im Leben von Franz nahmen seine Ehen ein, gaben sie ihm doch eine emotionale Stütze. Seine erste Gattin, die charmante Elisabeth Wilhelmine von Württemberg, hatte sein Onkel Joseph II. aus politischen Gründen für ihn ausgewählt. Die älteste Schwester der Braut war mit dem russischen Thronfolger vermählt. Nach nur zweijähriger Ehe starb Elisabeth Wilhelmine zu Franz' großem Kummer 1790 im Wochenbett. Um den Fortbestand der Dynastie zu sichern, heiratete er auf Wunsch seines Vaters ein halbes Jahr später seine Cousine Maria Theresia von Neapel-Sizilien, mit der er über die väterliche wie auch die mütterliche Linie aufs Engste verwandt war. Bevor Maria Theresia 1807 durch eine Fehlgeburt starb, schenkte sie ihrem Ehemann in 17 Jahren zwölf Kinder, von denen sieben überlebten. Obwohl er mit seiner zweiten Frau eine glückliche Ehe geführt hatte, schloss Franz I. kein Jahr nach ihrem Tod eine Liebesheirat mit seiner fast 20 Jahre jüngeren Cousine Maria Ludovica von Österreich-Este. Die politisch einflussreiche Kaiserin, eine Gegnerin Napoleons, litt jedoch schon früh an einer tuberkulösen Lungenkrankheit, sodass diese dritte Ehe kinderlos bleiben musste. Bereits sieben Monate nach ihrem Tod im April 1816 ging der Kaiser seine vierte und letzte Ehe mit der 24 Jahre alten bayerischen Prinzessin Karoline Auguste ein, die ihn lange überleben sollte. Aus dieser Verbindung gingen ebenfalls keine Kinder hervor. Franz charakterisierte seine Ehen folgendermaßen: »In meiner ersten Gemahlin hatte ich eine Geliebte, in meiner zweiten eine Frau, die dritte war mir Kaiserin, und jetzt besitze ich ein liebes Weib.«

Gerne beschäftigte sich Franz mit seinen Kindern und Enkeln, wenn es ihm möglich war. Dies hinderte ihn allerdings nicht daran, sie bei Bedarf den Erfordernissen der Heiratspolitik zu »opfern«. Seit er nach dem Tod seines Vaters Chef des Hauses Habsburg geworden war, hatten sich ihm überdies seine zehn überlebenden Geschwister und alle übrigen Angehörigen unterzuordnen. Selbst wenn sie nicht mit dem kaiserlichen Bruder übereinstimmten, zeigten alle Geschwister ihm gegenüber immer eine schier unerschütterliche Loyalität, was dieser von ihnen selbstverständlich auch erwartete. Mit der großen Popularität seiner Brüder Karl und Johann konnte Franz hingegen nur schlecht umgehen.

Nach dem katastrophalen Frieden von Schönbrunn begann mit der Berufung Clemens von Metternichs zum Außenminister im Herbst 1809 eine neue Ära. Um sein Reich zu retten, akzeptierte Franz I. die von Metternich als notwendig erachtete Heirat seiner ältesten Tochter Marie Louise mit Napoleon, obwohl viele Mitglieder der kaiserlichen Familie darüber empört waren. Dank Metternichs geschickter Lenkung der österreichischen Außenpolitik gelang es, die Monarchie durch die turbulenten Zeitläufe bis zum Untergang der napoleonischen Herrschaft zu steuern, an dem Österreich mit seiner Kriegserklärung vom August 1813 ganz wesentlich beteiligt war. Der Sieg über Napoleon war für Franz I. zugleich ein Sieg über die Revolution.

1814/15 übernahm Franz für neun Monate die kostspielige Rolle des Gastgebers des Wiener Kongresses, auf dem Europa unter dem Gesichtspunkt der Wiederherstellung der vorrevolutionären Ordnung und des Gleichgewichts der Mächte neugeordnet werden sollte. Österreich gewann durch seine dabei erreichte territoriale

Konsolidierung die frühere Großmachtstellung zurück. Die durch Napoleon entmachteten habsburgischen Nebenlinien wurden wieder in ihre alten Rechte in Italien eingesetzt. Als Ersatz für das alte Reich wurde der Deutsche Bund ins Leben gerufen, bei dem Österreich als Prinzipalmacht den Vorsitz im Bundesrat innehatte. Um diese Ordnung zu bewahren, das monarchische Prinzip zu stärken, den Frieden zu sichern und die Politik an den Prinzipien der Religion auszurichten, schloss Franz 1815 mit dem russischen Zaren und dem König von Preußen die »Heilige Allianz«.

Nach dem Wiener Kongress erlebte die Donaumonarchie eine Phase der Erholung und Stabilisierung unter der »väterlichen Fürsorge« des Kaisers, dem alle Entscheidungen vorbehalten waren. Zur Aufrechterhaltung von Ruhe und Ordnung wurde liberalen und nationalen Ideen eine Abfuhr erteilt. Der konservative Staatsmechanismus mit seinem Überwachungsapparat und ausgeprägten Bürokratismus entsprach ganz den Intentionen von Franz I., der 1821 den Fürsten Metternich zum Haus-, Hof- und Staatskanzler ernannte. In der Öffentlichkeit verstand es der Monarch sich als wohlmeinender Bürgerkaiser in Szene zu setzen, weshalb seine Person nicht mit dem verhassten System Metternichs in Verbindung gebracht wurde. Wegen seiner fast bürgerlichen Lebensweise und Leutseligkeit genoss Franz vielmehr große Popularität. Trotz der reaktionären Innenpolitik, der Beschränkung der bürgerlichen Freiheiten und der sozialen Missstände kam es während der Biedermeierzeit und des Vormärzes im Kaisertum Österreich zu einem enormen wissenschaftlichen, kulturellen und wirtschaftlichen Aufschwung. Ungeachtet der Zensurmaßnahmen, die der Dramatiker Franz Grillparzer mit »unsichtbaren Ketten, die an Hand und Füßen klirren«, verglich, erlebten gerade Kunst und Musik eine Blütezeit.

Am 2. März 1835 starb Franz I. an einer Lungenentzündung. Gemäß dem Legitimitätsprinzip folgte ihm sein erstgeborener Sohn als Kaiser Ferdinand I. nach, obwohl er eigentlich wegen seiner körperlichen und geistigen Unterentwicklung nicht regierungsfähig war. Eine »Geheime Staatskonferenz« führte für ihn die Geschäfte im Sinne des verstorbenen Kaisers, der seinem

Nachfolger eingeschärft hatte: »Verrücke nichts an den Grundlagen des Staatsgebäudes; regiere und verändere nicht; stelle Dich fest und unerschütterlich auf die Grundsätze, mittelst deren steter Beachtung Ich die Monarchie nicht nur durch die Stürme harter Zeiten geführt, sondern derselben den ihr gebührenden hohen Standpunkt gesichert habe, den sie in der Welt einnimmt.«

Johann

* 1782 in Florenz
† 1859 in Graz

Erzherzog von Österreich, deutscher Reichsverweser

Der als »steirischer Prinz« bekannt gewordene Erzherzog Johann, der als einer der populärsten Habsburger überhaupt gilt, wurde am 20. Januar 1782 im Florentiner Palazzo Pitti als Sohn des späteren Kaisers Leopold II. und der spanischen Infantin Maria Ludovica geboren. Da sein Vater 1790 die Nachfolge von Kaiser Joseph II. in Wien antrat, verließ die kinderreiche Familie die Toskana. Als zwei Jahre später die Eltern in kurzem Abstand hintereinander starben, übernahm Johanns ältester Bruder, Kaiser Franz II., der seit dem Tod des Vaters das Familienoberhaupt der Dynastie war, die Vormundschaft über den zehn Jahre alten Prinzen. Das gegenseitige Verhältnis der beiden Brüder, zwischen denen 14 Jahre Altersunterschied bestand, blieb lebenslang kompliziert. Franz reagierte mit Eifersucht darauf, dass der jüngere Bruder nicht nur begabter als er selbst war, sondern auch ein einnehmenderes Wesen hatte. Für den ehrgeizigen Johann war es nicht leicht, sich immer Franz unterzuordnen, doch er bezeigte dem Älteren zeitlebens eine kaum zu erschütternde Loyalität und machte stattdessen die kaiserliche Umgebung für alle Zurücksetzungen verantwortlich. Die aufklärerische Einstellung des Vaters und liberal gesonnene Lehrer hinterließen in Johanns Erziehung ihre Spuren, wesgegen dieser fortschrittlichen Ideen aufgeschlossen gegenüberstand. Gemäß dem Willen von Franz durchlief der Prinz, der sich hauptsächlich für Naturwissenschaften und Geschichte interessierte, eine militärisch-technische Ausbildung.

Im Zweiten Koalitionskrieg gegen Frankreich sah sich der junge Erzherzog unerwartet mit der rein nominellen Übernahme des

Armeekommandos für Süddeutschland konfrontiert. Die schwere Niederlage gegen die französische Rheinarmee bei Hohenlinden am 3. Dezember 1800, die er im Grunde nicht zu verantworten hatte, belastete in der Öffentlichkeit aber gleich seine soeben erst begonnene militärische Karriere. Johann wurde danach zum Generaldirektor des österreichischen Fortifikations- und Geniewesens ernannt. In dieser Eigenschaft unternahm er Inspektionsreisen in die Alpen. Auf diese Weise rückte Tirol in den Fokus seines Interesses. Aus einer anfangs wohl eher romantisch geprägten Passion entstand jene tiefe Zuneigung zu Land und Leuten, »welche ich mit mir ins Grab mitnehmen [...] werde«, wie Johann später bekannte. Hier glaubte er noch das wahre Leben im Einklang mit der Natur zu finden. Im selbstbewussten Auftreten der alpenländischen Bauernschaft vermeinte er das Ideal des mündigen Bürgers verwirklicht zu sehen. Ausgehend von der Idee einer allgemeinen Volksbewaffnung modernisierte er in den Jahren bis 1805 die Tiroler Landwehr und setzte auf den Kleinkrieg in den Bergen.

Nachdem Tirol 1805 an das mit Frankreich verbündete Bayern abgetreten werden musste, widmete sich Johann der Organisation einer Landwehr für sämtliche habsburgische Länder. Seit 1812 verfolgte er den Gedanken eines Aufstands der alpenländischen Provinzen gegen Napoleon. Die Bewegung in Tirol, wo 1809 ein Aufstand bereits gescheitert war, wollte er selbst anführen. Er setzte große Hoffnungen auf dieses Unternehmen, bewies dabei aber, wie so oft, mangelnden politischen Realitätssinn: »Vielleicht ist dann meine Stunde, wo ich dem Herrn, dem Vaterlande, der Welt zeigen kann das, wo nach ich gestrebt habe, nämlich ihr Cid zu seyn.« Kaiser Franz und sein Außenminister Clemens von Metternich schritten 1813 rigoros gegen den verschwörerischen Plan eines »Alpenbundes« ein. Johann wurde gezwungen, sich von seinen Ämtern zurückzuziehen und seine eher glücklose militärische Karriere zu beenden.

Zur Privatheit verpflichtet, wandte Johann seine Aufmerksamkeit nun verstärkt der Steiermark zu, in die er seit 1811 regelmäßig gekommen war. Der begeisterte Jäger und Bergsteiger, dessen Volksverbundenheit sich im Tragen der einheimischen Tracht äußerte, erwarb hier ab 1818 systematisch Grund und Boden. Die Steiermark wurde zu seinem Lebensmittelpunkt, wovon auch die Aquarelle und Zeichnungen seiner ihn umgebenden Künstler, der »Kammermaler«, erzählen. Er förderte die neuesten Entwicklungen in Landwirtschaft und Technik, wobei viele Anregungen von einer Reise nach England und Schottland 1815/16 stammten. Seine Güter Brandhof, Stainz und Pickern gestaltete er zu vorbildlichen Musterwirtschaften um. In Vordernberg kaufte er 1822 ein Radwerk und wurde so zu einem Wegbereiter der Modernisierung der Erzverhüttung am steirischen Erzberg. Die landeskundliche Erforschung der Steiermark fand in ihm einen wichtigen Unterstützer. Aus seinen naturwissenschaftlichen Sammlungen entwickelte sich das 1811 von ihm zusammen mit den Ständen der Steiermark begründete »Joanneum«. Aus den Sammlungen ging schließlich das heutige Universalmuseum Joanneum hervor, während sich aus der dazugehörigen naturwissenschaftlich-technischen Lehranstalt die Technische Universität Graz herausbildete. Ebenfalls auf Johanns Anregung entstand die 1840 zunächst in Vordernberg eingerichtete, dann nach Leoben verlegte berg- und hüttenmännische Lehranstalt, die Vorgängerin der heutigen Montanuniversität. Auf eine Initiative und Schenkung des Prinzen geht letztlich auch die Steiermärkische Landesbibliothek zurück. Johann setzte sich darüber hinaus mit Erfolg dafür ein, dass die Eisenbahnstrecke, die Wien mit Triest verband, über den Semmering und Graz geführt wurde, was den wirtschaftlichen Aufschwung der Obersteiermark begünstigte. Viele weitere steirische Vereine und Institutionen auf dem Sektor der Wirtschaft, Wohlfahrtspflege und Kultur waren gleichermaßen Gründungen Johanns. Auf sozialem Gebiet waren seine Unternehmungen nicht selten ihrer Zeit weit voraus, so etwa das 1854 in Graz gegründete Kinderspital.

Sein persönliches Lebensglück fand Johann gleichfalls in der Steiermark. Er hatte sich stets eine Lebensgefährtin gewünscht, die ihm »als Mensch und nicht als Fürst zugetan« war. Im August 1819 lernte er die 15 Jahre alte Anna Plochl kennen. Seiner Verbindung mit der für ihn nicht standesgemäßen Tochter des Ausseer Postmeisters wurden zahlreiche Hindernisse in den Weg gelegt, bis sein Bruder, mittlerweile Kaiser Franz I. von Österreich, im Februar 1829 dem Heiratswunsch nachgab und eine in aller Stille geschlossene morganatische Ehe gestattete. Erst 1833 durfte sich Erzherzog Johann offiziell zu seiner Ehefrau bekennen, der im Jahr darauf der Titel einer »Freifrau von Brandhofen« verliehen wurde, bevor sie 1850 zur »Gräfin von Meran« erhoben wurde. Bis heute bietet die romantisch wirkende Liebesgeschichte zwischen dem Prinzen und der Bürgerstochter Stoff für Literatur, bildende Kunst und Film, meist in rührselig verkitschter Form. Die wesentlich jüngere Anna entwickelte sich offenbar vollständig nach Johanns Vorstellungen und Vorgaben, entsprechend dem gängigen Frauenbild jener Zeit; denn im Rückblick bekannte er, dass ihm Gott »ein redliches, anspruchsloses, treues, gescheites Weib« gab, »die Einfalt, das Gemüth der Berge, hübsch und freundlich, fleissig, eine brauchbare Hausfrau, die ganz nach mir ausgebildet, mein Glück täglich mehr machet.« 1839 wurde der einzige Sohn Franz geboren, der die Familie der Grafen von Meran begründete. Weder er noch seine Mutter galten als Mitglieder des Erzhauses.

Johanns enthusiastisch-fortschrittliche Haltung kontrastierte seltsam mit seinem Zukunftspessimismus, der ihn nichts Gutes für die habsburgische Monarchie erwarten ließ. Als im März 1848 in weiten Teilen Europas die Revolution ausbrach, die sich gegen die restaurativen Kräfte wandte, schienen sich seine düsteren Visionen zu erfüllen: »Nun aber stehen wir am Vorabende von Ereignissen der bedenklichsten Art, Ereignisse, die wenn man den bisherigen Gang beibehält, nicht ausbleiben können. Und noch will man nicht begreifen, daß es auf dem bisher eingehaltenen Wege, nach dem bisherigen Takt im Handeln nicht mehr gehen kann.«

Angesichts der kritischen Situation griff der Wiener Hof auf den von ihm ansonsten nicht sonderlich geschätzten, jedoch in der Bevölkerung populären Erzherzog Johann zurück. In der Folge der Flucht der kaiserlichen Familie nach Tirol wurde Johann zum kaiserlichen Stellvertreter ernannt. Im Grunde machte er sich keine Illusionen über die ihm zugedachte Rolle: »Also jetzt wissen sie mich zu finden, damit ich rede, und dann wie es sich ein wenig beruhiget, um mich wie gewöhnlich wieder zu vergessen.«

Am 29. Juni 1848 brachte ihm sein Ruf als liberaler »Bürgerfürst« die Wahl zum Reichsverweser durch die in Frankfurt am Main versammelte Deutsche Nationalversammlung ein. Der Wunsch nach einer Vereinigung aller Deutschen in einem Staat war auch ein Anliegen des Erzherzogs, der deshalb die ihm zugedachte Position eines provisorischen Staatsoberhaupts akzeptierte und dafür sein Stellvertreteramt in Wien aufgab. Auf den jubelnden Empfang in Frankfurt folgte bald Ernüchterung. Der Streit der parlamentarischen Fraktionen über die Ausgestaltung der Verfassung des Deutschen Reichs und seiner Organe sowie über die groß- und kleindeutsche Frage führte ihm ebenso wie die fehlende Unterstützung durch die deutschen Fürsten vor Augen, dass er sich auf einem verlorenen Posten zwischen allen Fronten befand, bloß äußerst geringe Befugnisse hatte und über keinerlei echten Einfluss auf den Gang der Dinge verfügte. Später resümierte er verbittert: »Ich (war) nicht viel mehr als ein Strohmann ohne Macht und Wirksamkeit.« Der idealistische Habsburger, dem ein klares Konzept für Frankfurt abging, scheiterte an der Realität. Obwohl er eigens auf Wunsch des neuen österreichischen Kaisers Franz Joseph bis zum Dezember 1849 auf seinem Posten blieb, um Österreichs Interessen in der Frankfurter Paulskirche zu vertreten, wusste ihm dies sein Großneffe nicht zu danken, sondern sprach von ihm nur als »Reichsvermoderer«.

Nachdem Johann sein Amt niedergelegt hatte, kehrte er in die Steiermark zurück, deren Förderung er sich wieder widmete. Während man in Wien, wo wie andernorts die Reaktion gesiegt hatte, keinerlei Wert mehr auf seinen Ratschlag legte, wurde der fast 70 Jahre alte Erzherzog im Juli 1850 von der 700 Einwohner zählenden Marktgemeinde Stainz zum ersten Bürgermeister nach der neuen Gemeindeordnung gewählt. Erfreut nahm Johann die Wahl an. Seine letzten Lebensjahre verbrachte er bevorzugt in Graz. In seinem dortigen Palais starb er am 11. Mai 1859 an einer Lungenentzündung. Einen Einblick in seine Welt hinterließ er mit seinem autobiografischen Werk *Der Brandhofer und seine Hausfrau*, das aber erst 80 Jahre nach seinem Tod erstmals veröffentlicht wurde.

Franz Joseph I.

* 1830 in Wien
† 1916 in Wien

Kaiser von Österreich

Kaum ein anderer Habsburger Herrscher wurde bereits zu Lebzeiten derart zum Mythos und Sinnbild der Monarchie wie Kaiser Franz Joseph I., was vorrangig an seiner ungewöhnlich langen Regentschaft lag. In ihren Erinnerungen vermerkte Nora Fürstin Fugger: »Kaiser Franz Joseph ist im Laufe seiner achtundsechzigjährigen Regierung zu einem Wahrzeichen Österreichs und seiner Residenzstadt geworden. Er hat der Epoche das Gepräge gegeben.«

Der am 18. August 1830 in Schloss Schönbrunn als ältester Sohn des österreichischen Erzherzogs Franz Karl und dessen Gemahlin Sophie von Bayern geborene Franz Joseph wurde von seiner politisch hochaktiven und ehrgeizigen Mutter von Kindesbeinen an sorgfältig auf das Herrscheramt vorbereitet. Seine Thronfolge war mehr oder weniger absehbar. Bei seiner Erziehung maß Sophie Religiosität, Pflichtbewusstsein, Selbstdisziplin und Fleiß hohe Priorität bei. Seit seinem zehnten Geburtstag musste der Junge mit einem Arbeitspensum von 40 bis 50 Unterrichtsstunden pro Woche zurechtkommen. Wegen der herausragenden Bedeutung der Armee spielte der militärische Aspekt in Franz Josephs Ausbildung von vornherein eine wichtige Rolle. Seine persönliche Vorliebe für alles Militärische ließ ihn zeitlebens fast stets Uniform tragen. Neben seiner Mutter vermittelte ihm der greise österreichische Staatskanzler Clemens Fürst Metternich früh ein durch und durch konservatives Weltbild, das ganz vom Gottesgnadentum bestimmt war. Dank dieser Erziehungsmaxime fanden fortschrittliche Zeitströmungen in Franz Josephs von Kirche und Militär geprägter Gedankenwelt später kaum Beachtung. Wissenschaft und Kunst brachte er nur geringes Interesse entgegen, obwohl er als Kind und Jugendlicher gerne gezeichnet hat. Im Gegensatz zum deutschen Kaiser Wilhelm II. lehnte Franz Joseph die moderne Kunst, der er zwar distanziert gegenüberstand, nicht schroff ab. Mit Leidenschaft widmete er sich bis ins hohe Alter hinein der Jagd, wobei es ihm als echtem Waidmann nicht allein um die Anzahl des erlegten Wildes ging. Zudem war er ein passionierter Zigarrenraucher.

Infolge der Revolution von 1848 gelangte Franz Joseph unerwartet jung an die Regierung. Mit 18 Jahren bestieg er am 2. Dezember 1848 den Thron. Nach der Abdankung seines Onkels Kaiser Ferdinand I. hatte sich auch sein Vater, Erzherzog Franz Karl, aufgrund von Erzherzogin Sophies Intervention bereitgefunden, auf die Thronfolge zu verzichten. Sophie sah nun die Gelegenheit gekommen, dem monarchischen Ideal wieder Geltung zu verschaffen. In den 1850er-Jahren wurde sie zur maßgeblichen politischen Größe hinter dem jugendlichen Kaiser, der sich von ihr leiten ließ. Ihr Tod im Mai 1872 beraubte ihn seiner wichtigsten und vertrautesten Ratgeberin.

Die revolutionären Geschehnisse bestätigten Franz Joseph I. in seiner Überzeugung, dass die Monarchie auf einer absolutistisch-zentralistischen Basis wiedererrichtet werden müsse. Mit seiner Thronbesteigung begann demzufolge eine Zeit der Reaktion, die mit Härte gegen die Revolutionäre vorging, den Liberalismus bekämpfte und die autoritäre Politik der Ära Metternich fortsetzte. Mit dem sogenannten Silvesterpatent von 1851 begründete Franz Joseph den Neoabsolutismus. Ihm lag daran, dass die Monarchie »nur mehr einen Herren« hatte. Seine große Unpopularität mündete im Februar 1853 in eine Messerattacke des ungarischen Schneidergesellen János Libényi, die Franz Joseph leicht verletzt überstand. Die repressive Politik wurde danach unvermindert weiterverfolgt. Das Konkordat von 1855 räumte der katholischen Kirche weitgehenden Einfluss auf das Schulwesen und die Ehegerichtsbarkeit ein. Auf außenpolitischem Gebiet geriet Österreich in die Isolation. Nach dem Tod seines fähigen Ministerpräsidenten Felix Fürst zu Schwarzenberg im April 1852 hatte der unerfahrene Monarch die alleinige Entscheidungsgewalt an sich gezogen, was ihn oft überforderte. Die von ihm gewählte Neutralität im Krimkrieg, der von 1853 bis 1856 dauerte und die europäischen Machtverhältnisse zuungunsten Russlands verschob, sollte sich negativ auf die Fragen der italienischen und deutschen Einigung auswirken. Mit dieser politischen Fehlentscheidung brüskierte der Kaiser seinen bis dahin engsten Verbündeten, den russischen Zaren Nikolaus I., auf dessen massive Militärhilfe er bei der Niederschlagung der ungarischen Rebellion von 1848/49 angewiesen gewesen war.

In die Anfangsjahre seiner Regierungszeit fiel im April 1854 Franz Josephs Liebesheirat mit seiner erst 16 Jahre alten Cousine, der Herzogin Elisabeth in Bayern, mit der er vier Kinder haben sollte. Die schöne, jedoch exaltierte Wittelsbacherin fühlte sich am Wiener Hof nie wohl, sodass sich die Ehe des konträr veranlagten Kaiserpaares kompliziert gestaltete. Franz Joseph blieb seiner später meist fern von ihm und dem Hof lebenden Gattin in unverändert schwärmerischer Liebe zugetan. Zuwendung fand er schließlich bei der Hofschauspielerin Katharina Schratt. Diese Freundschaft, über die viel spekuliert wurde, aber über die sich die Schratt trotz lukrativer Angebote nie äußerte, hielt bis an sein Lebensende.

Empfindliche außenpolitische Rückschläge folgten im Zuge der italienischen Unabhängigkeitskriege von 1859 und 1866, die mit dem Verlust der Lombardei und Venetiens endeten. Zusätzlich verloren die in Italien regierenden Nebenlinien der Habsburger ihre Territorien. Franz Josephs Image als oberster Soldat seines Reichs erfuhr überdies schweren Schaden wegen der Übernahme des persönlichen Oberkommandos in der entscheidenden Schlacht von Solferino 1859. Nach der Niederlage gegen das mit Frankreich verbündete Piemont-Sardinien sah sich der Kaiser genötigt, Reformwillen zu bekunden und vom Neoabsolutismus abzurücken. Auch auf dem Gebiet der deutschen Politik erlitt der Habsburger, der sich als deutscher Fürst begriff, Schiffbruch und büßte die österreichische Vormachtstellung ein. Der Krieg gegen Preußen 1866 endete mit einer Niederlage. Nach

Österreichs endgültigem Ausscheiden aus Deutschland kam es unter preußischer Führung 1871 im Deutschen Kaiserreich zur »kleindeutschen« Lösung.

Diese großen Misserfolge machten einen Umbau des Staates erforderlich. Im Inneren schritt die Liberalisierung voran, und die Reformen seit den 1860er-Jahren verwandelten Österreich in eine konstitutionelle Monarchie. Der von Kaiserin Elisabeth geförderte »Ausgleich« mit Ungarn, dessen Verhältnis zu Wien seit der Hinrichtungswelle von 1849 vergiftet war, brachte eine Zweiteilung des Reichs und eine weitgehende Unabhängigkeit Ungarns. Aus dem Kaiserreich Österreich wurde die Doppelmonarchie Österreich-Ungarn. Die beiden Länder waren nur mehr durch das Staatsoberhaupt, die Außenpolitik, die Armee und die damit zusammenhängenden Finanzen miteinander verbunden. Die Krönung des Kaiserpaares mit der ungarischen Königskrone am 8. Juni 1867 in Budapest besiegelte diese »Versöhnung«. Der dualistische Reichsaufbau hatte bis 1918 Bestand, obgleich sich vor allem die slawischen Völker der Monarchie wegen ihrer fehlenden Gleichberechtigung benachteiligt sahen. Die von ihnen geforderte weitere Föderalisierung des Reichs kam nicht zustande.

Auf wirtschaftlichem Gebiet erlebte das Habsburgerreich, wenn auch nicht in allen Landesteilen gleich, dank Industrialisierung, neuer Technologien und Modernisierung besonders seit 1867 mehrere Hochkonjunkturphasen. Die neuen bürgerlichen Führungsschichten und der Finanzadel galten am elitären Wiener Hof jedoch nur als »Zweite Gesellschaft«. Die »Gründerzeit« brachte auch eine kulturelle Blüte hervor. Zum Symbol der Zeit wurde die Wiener Ringstraße, deren Bau Franz Joseph 1857 angeordnet hatte. Er legte dabei Wert darauf, dass »auf die Regulierung und Verschönerung Meiner Residenz- und Reichshauptstadt Bedacht genommen werde«.

In den letzten Jahrzehnten seiner Regierung wirkte Franz Joseph angesichts der ungelösten sozialen Probleme und der heftigen Nationalitätenkämpfe, die den Vielvölkerstaat bedrohten, aufgrund seiner persönlichen Autorität als Integrationsfigur und Klammer der Monarchie. Die Zukunft beurteilte er selbst pessimistisch und äußerte sich ironisch: »Ich bin mir seit langem bewußt, wie sehr wir in der heutigen Welt eine Anomalie sind.«

Beflissen vermied der Kaiser, der für einen vormodernen Nationenbegriff stand, jeden Anschein einer Bevorzugung einer bestimmten Volksgruppe. Aus dem politischen Tagesgeschäft hielt er sich heraus und zog sich immer mehr hinter sein Amt zurück. Der alte Kaiser wurde populär. Die große Anteilnahme im Volk an seinem Geschick war durch familiäre Schicksalsschläge gefördert worden: die Erschießung seines Bruders Maximilian in Mexiko 1867, der Selbstmord seines einzigen Sohnes Rudolf in Mayerling 1889 und die Ermordung seiner Gattin Elisabeth am Genfer See 1898. Franz Josephs Vereinsamung innerhalb des Familienkreises wurde indes schon früh durch seine Unnahbarkeit begünstigt, die auf einem ausgeprägten Bewusstsein seiner auserwählten Stellung beruhte. Sein Pochen auf die Einhaltung der habsburgischen Familiengesetze trug nicht zu seiner Beliebtheit unter den Verwandten bei, von denen er sowieso die wenigsten mochte. Verhängnisvoll wirkte es sich aus, dass er gerade zu seinen Thronfolgern in einem distanzierten bis schwierigen Verhältnis stand, was bereits Zeitgenossen beklagten: »Der Kaiser hatte es nicht verstanden, sich in seinem Sohne Rudolf einen tüchtigen Nachfolger zu erziehen, er hatte nichts dazu getan, dem Erzherzog Franz Ferdinand die Lehrjahre zu erleichtern und um den letzten Thronfolger Erzherzog Karl kümmerte er sich gar nicht, trotzdem da noch sehr viel zu erziehen war.«

Nachdem die Habsburgermonarchie ihre hegemoniale Stellung in Mitteleuropa eingebüßt hatte, zeigte sich Franz Joseph bestrebt, auf dem Balkan Ersatz für die verlorenen Gebiete zu finden. Seine Expansionspläne und Großmachtambitionen stießen dort auf die Gegnerschaft Russlands und riefen neue Spannungen hervor. Die Annexion Bosniens und der Herzegowina im Jahr 1908 entfachte fast einen europäischen Krieg. Die Annexionskrise verstärkte außenpolitisch die Abhängigkeit Österreich-Ungarns von seinem deutschen Bündnispartner, mit dem es seit 1879 im Zweibund verbunden war, und innerhalb der Doppelmonarchie erhielt die slawische Nationalbewegung Auftrieb. Die Ermordung des

Thronfolgers Franz Ferdinand samt Gattin durch serbische Nationalisten am 28. Juni 1914 in Sarajewo beantwortete der alte Kaiser mit einem Ultimatum und dann mit einer Kriegserklärung an das Königreich Serbien. Das internationale Bündnissystem verursachte nun in einer Art Kettenreaktion eine Kriegserklärung nach der anderen. Der dadurch ausgelöste Erste Weltkrieg brachte nicht nur Millionen Menschen den Tod, sondern auch den Untergang der jahrhundertealten Habsburgermonarchie und des alten Europas. Franz Joseph blieb es jedoch erspart, den Zusammenbruch seines Reichs zu erleben, das trotz grundlegender Wandlungen und fortschrittlicher Entwicklungen das Kriegsende nicht überstehen sollte. Er starb am 21. November 1916 in Schloss Schönbrunn an einer Lungenentzündung. Bis zuletzt spielte sich für den überzeugten Bürokraten sein Leben vor allem am Schreibtisch ab. Seine Beisetzung empfanden viele Zeitgenossen als Symbol für das Ende eines Zeitalters.

Maximilian I.

* 1832 in Wien
† 1867 in Querétaro (Mexiko)

Kaiser von Mexiko

»Mit der Ambition ist's wie mit dem Luftballon; bis auf eine gewisse Höhe zu steigen ist interessant und schön. Man gewinnt einen klaren, weiten Überblick; strebt man höher hinaus, so schwindelt der Kopf, die Fernsicht wird umnebelt und verworren, die Luft wird zu fein, zuletzt stürzt man aber gar leicht und bricht sich das Genick.« Zu seinem Unglück beherzigte der Bruder des österreichischen Kaisers Franz Joseph und kurzzeitige Kaiser von Mexiko nicht seine eigene Maxime. Sein Wunsch, sich auf einem Thron zu profilieren, führte Maximilian im Alter von nicht ganz 35 Jahren vor ein Erschießungskommando in der Neuen Welt.

Der am 6. Juli 1832 als zweiter Sohn von Erzherzog Franz Karl und dessen wittelsbachischer Gemahlin Sophie in Schloss Schönbrunn geborene Ferdinand Maximilian übertraf seinen zwei Jahre älteren Bruder Franz Joseph an intellektueller und kreativer Begabung. Im Gegensatz zu diesem pflegte er Kontakt zu den künstlerischen und geistigen Größen seiner Heimat. Wegen seiner liberaleren Einstellung war er in der Bevölkerung beliebter als sein konservativer kaiserlicher Bruder. Mit seinem Schicksal als Zweitgeborener, das ihm kaum größere Entfaltungsmöglichkeiten im Schatten des mächtigen Bruders bot, vermochte sich Ferdinand Maximilian, je älter er wurde, immer schwerer abzufinden. Sein Verhältnis zu Franz Joseph, der sich seit seiner Thronbesteigung von seinen jüngeren Brüdern distanzierte, gestaltete sich schwierig. Der junge Erzherzog, der sehr naturverbunden war und sich seit Kindertagen vom Fremden und Exotischen angezogen fühlte, ging deshalb gerne auf weite Reisen. Seine zahlreichen Reiseerlebnisse wurden 1867 in sieben Bänden zusammen mit Aphorismen und Gedichten unter dem Titel *Aus meinem Leben* publiziert.

Wegen seiner Vorliebe für die See begann er im Herbst 1850 eine Karriere in der österreichischen Marine. Vier Jahre später ernannte ihn Franz Joseph zum Kontreadmiral und Oberbefehlshaber der kaiserlichen Streitkräfte zur See. Ferdinand Maximilian erwies sich als tüchtiger Reorganisator dieser bislang eher vernachlässigten Waffengattung. Auf seine Anregung hin unternahm die Fregatte *Novara* von 1857 bis 1859 eine Weltumseglung, die vor allem der naturwissenschaftlichen Forschung diente.

Im Jahr seiner Eheschließung mit der hübschen und reichen belgischen Königstochter Charlotte, die er am 27. Juli 1857 heiratete, wurde Ferdinand Maximilian zum Generalgouverneur von Lombardo-Venetien ernannt, wobei dieses Amt in erster Linie dekorativen Charakter hatte. Seine auf Popularitätsgewinn bei der italienischen Bevölkerung ausgerichteten Bemühungen stießen bei der Wiener Zentralregierung auf Ablehnung. Nachdem Österreich im Zweiten Italienischen Unabhängigkeitskrieg 1859 die Lombardei verloren hatte, wurde sein Schloss Miramar bei Triest zum Hauptwohnsitz des Erzherzogs. An der Planung zu diesem »Märchenschloss« mit weitläufigem Park hatte er sich aktiv beteiligt. Ferdinand Maximilian besaß nun keine wirkliche Aufgabe mehr. Weder ihm noch seiner überaus ehrgeizigen Ehefrau behagte dieses »tatenlose« Leben. Charlotte hoffte, dass ihr Mann »wieder eine führende Rolle in den Geschicken der Welt spielt, denn er ist zum Herrschen geschaffen, begnadet mit allen Eigenschaften, die Menschen glücklich zu machen.«

In dieser Lage erreichte das erzherzogliche Paar, dessen Ehe kinderlos bleiben sollte, die Aussicht auf die Krone Mexikos. Seit dem Ende des Unabhängigkeitskriegs gegen Spanien im Jahr 1821 herrschte in Mexiko politische Instabilität. Nachdem das Land unter der Präsidentschaft von Benito Juárez wegen seiner schlechten wirtschaftlichen Situation die Rückzahlung seiner Auslandsschulden für zwei Jahre eingestellt hatte, entschlossen sich Frankreich, Spanien und Großbritannien 1861 dazu, die Schuldentilgung mittels militärischer Intervention zu betreiben.

Als deutlich wurde, dass der französische Kaiser Napoleon III. darüber hinaus die Eroberung Mexikos und die Etablierung einer von Frankreich abhängigen Monarchie anstrebte, zogen Großbritannien und Spanien ihre Truppen 1862 wieder ab.

Zu Beginn der 1860er-Jahre wurde Ferdinand Maximilian als Thronkandidat für Griechenland, Polen und Mexiko gehandelt. Obwohl ihm von vielen Seiten dringend davon abgeraten wurde, entschied sich der ambitionierte Habsburger, der sich nur außerhalb Europas eine vielversprechende Zukunft erhoffen zu können glaubte, für die ihm auf Anregung Napoleons III. angebotene Krone Mexikos. Bestärkt wurde er in diesem Entschluss von seiner Gattin. Das Paar träumte von einem großen habsburgischen Reich in Amerika. Als der Erzherzog am 10. Oktober 1864 die mexikanische Kaiserkrone in einer feierlichen Zeremonie formell annahm, tat er es in dem Glauben, dass dies dem Willen der Mehrheit der Mexikaner entsprach. Er wusste nicht, dass das Ergebnis der von ihm hierüber gewünschten Volksabstimmung von den Franzosen zugunsten einer Monarchie manipuliert worden war. Tatsächlich befürwortete nur eine Minderheit eine Monarchie. Weder die besorgten Einwände seiner Mutter, deren Lieblingssohn er war, noch Kaiser Franz Josephs Forderung nach einem Verzicht auf seine gesamten Rechte in der Habsburgermonarchie konnten ihn von seinem Thronwagnis in einem ihm unbekannten Land abhalten. Lediglich auf die französische Interventionsarmee sowie ein österreichisches und belgisches Freiwilligenkorps gestützt und ausgestattet mit einer Anleihe des französischen Staates, machte er sich zum Exponenten eines französischen Kolonialabenteuers. Während die großen europäischen Staaten das neue mexikanische Kaiserreich anerkannten, sahen alle amerikanischen Staaten in dem republikanischen Präsidenten Juárez den rechtmäßigen Präsidenten.

Am 14. April 1864 brachen Maximilian und Charlotte nach Mexiko auf. Auf der Reise befasste sich der neue Kaiser mit der Ausarbeitung eines detaillierten Hofzeremoniells, das sich vor Ort ebenso wie der von ihm und seiner Ehefrau nach europäischen Vorstellungen entwickelte, mit liberalen Zügen versehene Verfassungsentwurf als nicht realisierbar erwies. Bei seiner Ankunft Ende Mai musste Maximilian feststellen, dass Napoleons Behauptung, das Land sei befriedet, keineswegs der Wahrheit entsprach. Stattdessen sah er sich mit einem Bürgerkrieg konfrontiert. Von Anfang an erstreckte sich seine Herrschaft nur über Teilgebiete, deren Umfang beständig mehr schrumpfte. Die ihm verbleibenden drei Jahre als mexikanischer Kaiser wurden von den kräftezehrenden und blutigen Kämpfen zwischen Republikanern und Monarchisten bestimmt. Die von Maximilian I. vorgesehenen zivilisatorischen Aufgaben konnten deshalb ebenso wenig in die Tat umgesetzt werden wie zahlreiche Reformgesetze. Eine innenpolitische Aussöhnung ließ sich nicht herbeiführen. Zusammen mit Charlotte widmete er sich trotzdem der Errichtung von Schlössern und Gärten sowie den Gründungen einer Akademie der Wissenschaften, von Museen und eines Nationaltheaters, die wegen der immer trostloseren Finanzsituation über erste Ansätze oft nicht hinauskamen. Allen Widrigkeiten zum Trotz erschien Maximilian sein Leben in Mexiko im Juni 1865 immer noch besser als jenes ohne sinnvolle Aufgabe in der Heimat: »Es gibt nichts erbärmlicheres als ein apanagierter Prinz [d. h. ein mit finanziellem Unterhalt versehener nichtregierender Prinz der Herrscherfamilie] der eine sogenannte sorgenlose Existenz führt.«

Als sich die Vereinigten Staaten von Amerika nach dem Ende des Sezessionskriegs mit Nachdruck gegen die imperialistischen Aktivitäten Frankreichs wandten, die ihre eigene Interessenssphäre verletzten, entschied sich Napoleon III. zu einem Kurswechsel und zog ab Juni 1866 seine Truppen aus Mexiko ab. Maximilian erwog daraufhin eine Abdankung und die Rückkehr nach Europa, was Charlotte zu verhindern wusste, indem sie an sein Ehrgefühl appellierte: »Abdanken heißt, sich verurteilen, sich selbst ein Unfähigkeitszeugnis auszustellen, und das ist nur annehmbar bei Greisen und Blödsinnigen [...]. Ich kenne keine Lage, wo Abdankung etwas anderes wäre als ein Fehler oder eine Feigheit.« Sie reiste nach Europa, um in Paris und Wien sowie beim Papst Unterstützung zu erlangen. Als ihre Bemühungen vergeblich blieben, verlor sie darüber den Verstand. Geistig umnachtet starb sie erst 1927 in Belgien.

Maximilian kämpfte in aussichtsloser Lage mit den ihm verbliebenen Legionären und seinen wenigen mexikanischen Anhängern weiter. Durch Verrat wurde er im Mai 1867 in Querétaro gefangengenommen und von einem Kriegsgericht zum Tod verurteilt. Dem preußischen Gesandten Anton von Magnus, der sich für ihn bei Juárez eingesetzt hatte, versicherte Maximilian: »Und wenn ich noch einmal die Gelegenheit hätte, dann würde ich ebenso handeln. Lieber mein jetziges Los erdulden als die Schmach, von den Franzosen gedrängt das Land zu verlassen.« Trotz aller Appelle der europäischen Herrscherhäuser wurde er am 19. Juni 1867 zusammen mit seinen beiden mexikanischen Generälen Miguel Miramón und Tomás Mejía standrechtlich erschossen, was der französische Maler Édouard Manet zum Thema eines berühmt gewordenen Gemäldes machte.

Bei der Überführung von Maximilians Leiche nach Wien kam es zu Problemen, sodass seine sterblichen Überreste bei ihrem Eintreffen derart entstellt waren, dass Erzherzogin Sophie entsetzt ausgerufen haben soll: »Das ist nicht mein Sohn!« Dies trug zum Entstehen von Verschwörungstheorien bei, wie es nicht selten bei einem unzeitigen und tragischen Tod einer prominenten Persönlichkeit geschieht. Gerüchten zufolge soll die Exekution fingiert gewesen sein. Maximilian habe unter dem Namen Justo Armas in El Salvador weitergelebt, wo er angeblich zum engeren Umfeld von Vizepräsident Gregorio Arbizú gehört habe.

Maria Christina

* 1858 in Groß Seelowitz
† 1929 in Madrid

Königin von Spanien

Die für die spanische Monarchie bedeutende Königin-Regentin Maria Christina kam auf Schloss Groß Seelowitz in Südmähren als Tochter von Erzherzog Karl Ferdinand und seiner Gattin Elisabeth am 21. Juli 1858 auf die Welt. Maria Christina verlebte zusammen mit ihren Geschwistern eine unbeschwerte und wohlbehütete Kindheit. Zwar erhielt sie die für Erzherzoginnen typische katholisch-konservativ geprägte Erziehung, doch das intelligente und bildungsbeflissene Mädchen wurde darüber hinaus gemeinsam mit seinen Brüdern in naturwissenschaftlichen Fächern, Latein, Philosophie und Wirtschaft unterrichtet. Neben einer großen Sprachbegabung verfügte Maria Christina über bemerkenswertes musikalisches Talent und galt als gute Pianistin. Zugleich stand sie im Ruf, eine exzellente Reiterin zu sein. Wenige Monate nach dem Tod ihres Vaters ernannte sie der österreichische Kaiser Franz Joseph im Februar 1875 zur Äbtissin des einst von Kaiserin Maria Theresia gegründeten Adeligen Damenstifts auf dem Hradschin in Prag. Es handelte sich dabei um einen bloßen Ehrentitel, der aber hoch dotiert war und kein Hindernis für eine spätere Eheschließung darstellte. Am 10. Oktober 1876 erfolgte ihre feierliche Amtseinführung.

Nach der Wiedereinsetzung der Bourbonendynastie in Spanien hatte der seit seinem elften Lebensjahr im Exil lebende Alfons XII. Ende Dezember 1874 den Thron bestiegen. Keine vier Jahre später war er eine Liebesheirat mit seiner Cousine María de las Mercedes von Orléans-Montpensier eingegangen. Da der junge König nach nur sechsmonatiger Ehe Witwer wurde, musste er sich trotz tiefer Trauer zur Sicherung der Thronfolge möglichst rasch wieder verheiraten. Ein erst im September auf ihn verübtes Attentat und seine schwache Gesundheit ließen dies notwendig erscheinen. Als geeignete neue Gattin wurde ihm die Habsburgerin Maria Christina vorgeschlagen, worauf deren ehrgeizige Mutter bereits im Stillen gehofft hatte. Alfons hatte die ein Jahr jüngere Erzherzogin schon während seiner Wiener Studienzeit kennengelernt, ihr allerdings damals kaum Beachtung geschenkt. Im Sommer 1879 wurde für die Brautleute in spe ein Zusammentreffen in Frankreich organisiert. Maria Christina kam in Begleitung ihrer Mutter, die als ausgesprochen gutaussehend galt. Alfons' Echo auf seine künftige Ehefrau fiel wenig enthusiastisch aus; denn seinen Schwestern teilte er mit: »Die Mutter gefällt mir sehr, aber es ist die Tochter, die ich heiraten muss.« Am 29. November 1879 fand Maria Christinas Hochzeit mit Alfons XII. in Madrid statt, wodurch nach fast 200 Jahren wieder ein Mitglied des Hauses Habsburg auf den spanischen Thron gelangte.

Während der König ein kühl-distanziertes Gebaren gegenüber seiner zweiten Gattin an den Tag legte, brachte ihm Maria Christina echte Liebe entgegen, obwohl ihr bekannt war, dass sie von Alfons betrogen wurde und von ihm ausschließlich aus Gründen der Staatsräson geheiratet worden war. Die zurückhaltende, anfangs wenig populäre neue Königin wusste nach außen hin ihre Würde und Haltung zu wahren. Nie offenbarte sie ihre innersten Gefühle. Die spanische Sprache beherrschte sie rasch perfekt. Außerdem bemühte sie sich darum, sich den spanischen Gepflogenheiten vollständig anzupassen. Maria Christina gab deshalb sogar vor, sich für Stierkämpfe zu begeistern, obgleich sie sie in Wirklichkeit verabscheute. Nach der Geburt von zwei Töchtern war ihre Position schwierig, weil der Hauptzweck ihrer Ehe einzig und allein die Geburt eines männlichen Thronfolgers war. Als der erst 27 Jahre alte König Alfons XII. am 25. November 1885 an einer Tuberkuloseerkrankung verstarb, war seine Witwe zum dritten Mal schwanger. Verfassungsgemäß übernahm Maria Christina zunächst für ihre älteste Tochter María de las Mercedes die Regentschaft, bevor am 17. Mai 1886 der ersehnte Sohn geboren wurde, der sofort nach seiner Geburt als Alfons XIII.

zum König ausgerufen wurde. Nach den Worten des spanischen Premierministers Práxedes Mateo Sagasta besaß das Land damit »die kleinstmögliche Menge König«. Der von ihr zärtlich »Bubi« genannte Sohn entschädigte Maria Christina für viele Kränkungen der Vergangenheit. Er gab ihr neues Selbstbewusstsein und Kraft. Umgekehrt war sie für Alfons XIII. wohl der wichtigste Mensch in seinem Leben.

Zu Lebzeiten ihres liberal eingestellten Ehemannes hatte sich Maria Christina von der Politik weitgehend ferngehalten, was ganz im Interesse von Alfons XII. war. Nichtsdestotrotz kam der spätere deutsche Kaiser Friedrich III. bei einem Besuch in Spanien Ende 1883 zu der Anschauung, dass die junge Königin »den Eindruck einer begabten Fürstin, die weiß, was sie will«, mache. Nach der Übernahme der Regentschaft sah sich Maria Christina vor die schwierige Aufgabe gestellt, als politisch unerfahrene Ausländerin die von Alfons XII. begonnene, aber noch keineswegs gesicherte innere Konsolidierung Spaniens weiter auszubauen. Trotzdem ließ sie vom ersten Moment an keinen Zweifel daran aufkommen, dass sie fest entschlossen war, den Thron für ihre Kinder zu bewahren. In enger Zusammenarbeit mit den führenden Staatsmännern Spaniens sollte der Habsburgerin diese komplizierte Obliegenheit auch gelingen. Sie verstand es, an Achtung und Beliebtheit zu gewinnen. Ihr gänzlich durchorganisiertes Leben bestand nur noch aus Pflichterfüllung. Streng achtete die fromme Regentin darauf, dass ihr Privatleben im Gegensatz zu jenem ihrer im Exil lebenden, skandalumwitterten Schwiegermutter, Königin Isabella II., nicht den geringsten Stoff für Klatsch und Gerüchte lieferte. Das gesellschaftliche Leben am spanischen Königshof bekam unter »Doña Virtudes« einen eher freudlos-langweiligen Anstrich, sodass ihre Schwägerin, die Infantin Eulalia, rückblickend feststellte: »Man kann sagen, dass der spanische Hof damals der traurigste und abgeschlossenste von ganz Europa war.«

Maria Christina wusste die großen Befugnisse, die ihr die spanische Verfassung von 1876 einräumte, klug zu nutzen. Sie mischte sich wenig in die aktuelle Tagespolitik ein. Als möglichst unparteiisch auftretende Königin-Regentin arbeitete sie sowohl mit den Liberalen als auch mit den Konservativen zusammen. Diese beiden Parteien wechselten einander in der Regierung des Landes ab. Die sozialistische Arbeiterpartei spielte im Parlament noch keine größere Rolle. Persönlich stand der von ihrer Prägung her eigentlich erzkonservativen Regentin der Führer der Liberalen, Sagasta, näher als der konservative Antonio Cánovas del Castillo. Durch das Einvernehmen zwischen den zwei größten Parteien und deren reibungslose Zusammenarbeit mit der Regentin wurde republikanischen Putschversuchen vorgebeugt. Sie selbst erklärte ihre Position folgendermaßen: »Ich kann durchaus konservativ sein, ohne daß man deshalb gleich von mir erwartet, ich würde eine reaktionäre Politik betreiben: Ich bin hier nichts weiter als das Bindeglied zwischen zwei Königen und ich muß die Politik meines Gatten fortführen, welche liberal war.«

In der Zeit von Maria Christinas Regentschaft erfolgte eine Modernisierung Spaniens. Verwaltung und Justizwesen wurden zentralisiert. Ein Vereins- und Versammlungsrecht wurde geschaffen, das Bürgerliche Gesetzbuch, Geschworenengerichte und die Zivilehe eingeführt. Alle Männer über 25 Jahre erhielten das allgemeine Wahlrecht. Um den radikalen separatistischen Bewegungen in Katalonien und im Baskenland den Boden zu entziehen, wurden Verbesserungen im Sozial- und Bildungswesen angestrebt, was jedoch nicht sehr weit gedieh. Das kulturelle Leben erfuhr eine neue Blüte.

Während eine weitgehende innere Konsolidierung des Königreichs gelang, konnte Spaniens außenpolitischer Abstieg von der Regentin nicht verhindert werden. Nach dem 1898 verlorenen Krieg gegen die Vereinigten Staaten von Amerika gingen die letzten spanischen Kolonien verloren, was in Spanien als nationale Katastrophe empfunden wurde, da es das Ende des seit 400 Jahren bestehenden Weltreichs bedeutete. Kuba erlangte seine Unabhängigkeit. Puerto Rico, Guam und die Philippinen mussten an die USA abgetreten werden. Das Deutsche Kaiserreich nutzte Spaniens Schwäche, um 1899 gegen die Zahlung von 17 Millionen Mark die Überlassung der Karolinen, der Marianen und von Palau durchzusetzen. Die bereits gefestigte spanische Monarchie konnte durch diese außenpolitischen Rückschläge nicht mehr ernsthaft erschüttert werden. Im Allgemeinen verfolgte die Regentin angesichts der Tatsache, dass Spanien keine Großmacht mehr war, eine vorsichtig defensive und neutrale Außenpolitik.

Am 17. Mai 1902 übergab Maria Christina die Regierung an ihren 16 Jahre alten Sohn, der nun als volljährig galt. Sie widmete sich jetzt vor allem karitativen Aufgaben. Dank ihrer langjährigen Erfahrungen konnte sie dem jungen König in manchen politischen Entscheidungen als Beraterin dienen. Sie musste allerdings noch erleben, wie Spanien unter der Regierung von Alfons XIII. in eine schwere Krise geriet. Im Gegensatz zu ihrem Sohn lehnte sie die 1923 nach einem unblutigen Putsch errichtete Militärdiktatur von Miguel Primo de Rivera ab.

Im privaten Bereich blieb Maria Christina Kummer nicht erspart. Sie musste 1904 bzw. 1912 den frühen Tod ihrer beiden Töchter María de las Mercedes und María Teresa verkraften. Von den sechs Kindern aus der Ehe ihres Sohnes Alfons mit Victoria Eugenia von Battenberg, einer Enkelin der britischen Königin Victoria, litten zwei Söhne an der Bluterkrankheit und ein weiterer Sohn war gehörlos. Am 6. Februar 1929 starb die Königinwitwe unerwartet an Angina pectoris. Zwei Jahre später musste Alfons XIII. ohne formelle Abdankung ins Exil gehen. Die nachfolgende Zweite Spanische Republik versank bereits 1936 im Bürgerkrieg.

Karl I.

* 1887 in Persenbeug
† 1922 auf Madeira

Kaiser von Österreich

Der letzte Herrscher der Donaumonarchie kam am 17. August 1887 zur Welt. Karl Franz Josef war der älteste Sohn des Erzherzogs Otto, eines Neffen Kaiser Franz Josephs, und der sächsischen Prinzessin Maria Josefa. Wegen der wenig glücklichen Ehe seiner Eltern wuchs er vor allem unter dem Einfluss seiner frommen und sittenstrengen Mutter auf. Maria Josefa war bestrebt, ihn und seinen jüngeren Bruder Maximilian Eugen möglichst der Beeinflussung durch den Vater zu entziehen. Ihr kam es daher entgegen, dass sich der gutaussehende Otto, der mit seinen Frauenaffären und seinem fragwürdigen Lebenswandel immer wieder für Skandale sorgte, meist fern von seiner Familie aufhielt.

Karl erhielt eine streng katholische Erziehung durch Hauslehrer. Auf Wunsch seines Vaters nahm er in den naturwissenschaftlichen Fächern am Unterricht des Wiener Schottengymnasiums teil. Mit dem Antritt seines aktiven Militärdiensts im Herbst 1905 begann er die für die männlichen Mitglieder der habsburgischen Dynastie übliche Offizierslaufbahn. Gemäß dem väterlichen Willen hatte er sich auch mit juristischen und staatswissenschaftlichen Studien zu beschäftigen. Als Erzherzog Otto im Spätherbst 1906 starb, rückte Karl an die zweite Stelle der Thronfolge. Zwischen ihm und Kaiser Franz Joseph stand nur noch sein Onkel Erzherzog Franz Ferdinand, der wegen seiner morganatischen Ehe auf sämtliche Thronansprüche für seine Nachkommen hatte verzichten müssen.

Bei der Brautwahl folgte Karl dem habsburgischen Familienstatut und heiratete am 21. Oktober 1911 die streng katholisch erzogene Prinzessin Zita von Bourbon-Parma, die als Tochter des letzten regierenden Herzogs von Parma eine standesgemäße

Ehepartnerin war. Die Prinzessin, deren Weltbild ganz vom Gedankengut des Gottesgnadentums und des monarchischen Legitimismus geprägt war, sollte sich als starke Persönlichkeit an der Seite ihres Mannes erweisen. Der harmonischen Ehe entstammten insgesamt acht Kinder.

Als Erzherzog Franz Ferdinand am 28. Juni 1914 zusammen mit seiner Ehefrau in Sarajewo ermordet wurde, stieg Karl zwar zum unmittelbaren Thronfolger auf, doch man bezog ihn nicht in die politische Mitverantwortung ein. Von den Entscheidungen, die den Ersten Weltkrieg auslösten, blieb er somit ausgeschlossen. Im August 1914 wurde Karl zum Armeeoberkommando in Teschen versetzt. Als Feldmarschallleutnant nahm er 1916 an mehreren Offensiven teil, die ihm die militärische Erschöpfung der Truppen nachdrücklich vor Augen führten, weshalb er den Abschluss eines Kompromissfriedens für dringend geboten hielt.

Mit Kaiser Franz Josephs Tod am 21. November 1916 trat der 29 Jahre alte und politisch unerfahrene Karl ein schweres Erbe an. Während es in der österreichischen Reichshälfte keine formelle Thronbesteigung gab, bestand man in Ungarn auf einer Krönung samt Eid auf die Verfassung. Dadurch dass er sich zu einer raschen Königskrönung drängen ließ, blieb Karl in verfassungsrechtlicher Hinsicht kaum mehr Spielraum für dringend nötige Reformen. Inmitten des Kriegs mutete die zeremonielle Prachtentfaltung bei der Krönung in Budapest zudem vollkommen anachronistisch an.

Karl übernahm persönlich das Oberkommando über die österreichisch-ungarische Armee, entließ den deutschnational eingestellten Generalstabschef Conrad von Hötzendorf und begrenzte den Einfluss des Militärs auf den zivilen Sektor. Zwar gelang es ihm nicht, eine Versöhnung der nationalen Gegensätze im habsburgischen Vielvölkerreich und eine darauf basierende Verfassungsreform herbeizuführen, doch konnten 1917 immerhin wichtige sozialpolitische Maßnahmen wie die Einführung des Mieterschutzes, die Gründung eines Sozial- und eines Gesundheitsministeriums erreicht werden.

Seit seiner Thronbesteigung kam Karls Ehefrau eine signifikante politische Rolle zu, da sie ihn nicht selten in seinen

Entschlüssen bestärkte. Gerade in der sogenannten Sixtus-Affäre machte sich Zitas Einwirkung bemerkbar. Das Hauptanliegen des Kaiserpaares war die Wiederherstellung des Friedens, um den Zusammenbruch der K.-u.-k.-Monarchie zu verhindern. Mit Hilfe von Zitas Brüdern Xavier und Sixtus von Bourbon-Parma versuchte der Kaiser geheime Friedenssondierungen in Frankreich anzubahnen. In einem Brief an Sixtus vom 24. März 1917 versprach Karl u. a., die »gerechten Rückforderungsansprüche« Frankreichs auf Elsass-Lothringen bei seinem deutschen Verbündeten zu unterstützen. Letztlich scheiterte die Initiative bezeichnenderweise an den beträchtlichen Gebietsansprüchen Italiens auf Kosten Österreich-Ungarns. Ein Jahr später lösten Karls Briefe einen Skandal aus, als der französische Ministerpräsident Georges Clemenceau, durch den kaiserlichen Außenminister Ottokar Graf Czernin und dessen unrichtige Darstellung der Friedensinitiative herausgefordert, Karls Brief vom 24. März veröffentlichte. Durch seine daraufhin von Czernin veranlassten Dementis diskreditierte sich der Monarch im In- und Ausland aufs Schwerste. Weitere eigenständige Friedensbemühungen Österreich-Ungarns waren kaum mehr möglich. Die dadurch noch größer gewordene Abhängigkeit Wiens vom deutschen Bündnispartner und dessen Kriegspolitik führte dazu, dass die nichtdeutschen Nationalitäten in der Donaumonarchie verstärkt nach Autonomie strebten, was ab Frühjahr 1918 auch das offizielle Kriegsziel der Westmächte war.

Der von Karl im Oktober 1918 mit seinem »Völkermanifest« unternommene Versuch, die österreichische Reichshälfte in einen Bundesstaat von freien Völkern umzuwandeln, konnte den Zusammenbruch nicht mehr aufhalten. Die Kündigung des Dualismus durch Ungarn und der fortschreitende Zerfall des Reichs, Streiks und Massendemonstrationen überschatteten den Niedergang. Als sich nach dem Waffenstillstand vom 4. November 1918 die Frontarmeen auflösten, verlor das Habsburgerreich seine letzten Stützen. Angesichts der bedrohlichen Lage ließ sich Karl I. am 11. November 1918 von seinen österreichischen Ministern zur Unterzeichnung eines Manifests bewegen, in dem er »auf jeden Anteil an den Staatsgeschäften« verzichtete. Eine ausdrückliche

Abdankung sprach er nicht aus. Danach zog er mit seiner Familie aus Sicherheitsgründen von Schloss Schönbrunn, ihrem Wohnsitz seit Kriegsausbruch, nach Schloss Eckartsau im Marchfeld um. Später lieferte Karl dazu eine Erläuterung, die viel über sein monarchisches Selbstverständnis verrät: »Ich wollte nicht in Wien bleiben, weil einen dort der Staatsrat fortgesetzt mit Abdankung und Ähnlichem sekkiert hätte, andererseits sowohl Burg als auch Schönbrunn Hofärarisch [d. h. vom Kaiserhaus genutztes Staatseigentum] waren und ich überzeugt war, daß die revolutionäre Regierung das Hofärar sofort als Staatseigentum erklären würde und ich gar nicht gewillt war, von der Gnade dieser Gauner zu leben und von ihnen eventuell hinausgeworfen zu werden.« In Eckartsau, das sich anders als Schönbrunn in kaiserlichem Privatbesitz befand, wurde er von einer ungarischen Politikerdelegation am 13. November zu einer Verzichtserklärung für die ungarische Reichshälfte gedrängt. Erneut handelte es sich um keine formelle Abdankung.

Für die am 12. November 1918 proklamierte Republik Deutsch-Österreich stellte Karls kontinuierliche Weigerung, für sich und sein Haus einen förmlichen Thronverzicht zu leisten, ein Problem dar. Die britische Regierung sorgte schließlich für eine Ausreise der Kaiserfamilie samt Gefolge und für deren Aufnahme in der Schweiz. Vor dem Grenzübertritt am 24. März 1919 erließ Karl ein Manifest, in dem er gegen seine Landesverweisung und die Verletzung seiner »jahrhundertealten Herrscherrechte« protestierte. Der berühmte Schriftsteller Stefan Zweig wurde an der Grenze zufällig Zeuge der Ausreise des letzten Kaisers. Betroffen vermerkte er: »Die ruhmreiche Reihe der Habsburger, die von Jahrhundert zu Jahrhundert sich Reichsapfel und Krone von Hand zu Hand gereicht, sie war zu Ende in dieser Minute.«

Trotz Warnungen unternahm Karl aus seinem Schweizer Exil zwei Versuche, wieder auf den ungarischen Thron zu gelangen. Er ließ sich dabei von dem Fehlglauben leiten, dass die Mehrzahl der Ungarn auf seine Herrschaftsübernahme geradezu warte. Von dem ungarischen Reichsverweser Miklós Horthy von Nagybánya, dem letzten kommandierenden Admiral der K.-u.-k.-Kriegsmarine, erhoffte er sich Unterstützung. Beide Restaurationsversuche im Frühjahr und Herbst 1921 scheiterten kläglich.

Die Westmächte verbannten den Exkaiser und seine Ehefrau daraufhin auf die portugiesische Insel Madeira, wohin ihnen ihre Kinder nachfolgten. Karls bereits labile körperliche Konstitution hatte den Folgen einer Grippe mit Lungenentzündung nichts mehr entgegenzusetzen. Am 1. April 1922 starb er im Alter von erst 34 Jahren. Auf seinen Wunsch hin wurde sein noch keine zehn Jahre alter Sohn Otto an sein Sterbebett geholt: »Er soll wissen, wie man sich in solchen Lagen benimmt, als Kaiser und als Katholik.« Bis zuletzt beharrten Karl und seine Umgebung realitätsfern auf seinem durch göttliche Vorsehung bestimmten Herrschaftsanspruch.

Seine Witwe Zita sah in der Wiedererlangung des Throns weiterhin ihre vordringlichste Aufgabe und verfolgte dieses Ziel nun für ihren Sohn Otto. Sie überlebte ihren Ehemann zwar um fast 70 Jahre, doch die vor allem von extrem konservativen Kirchenkreisen betriebene und umstrittene Seligsprechung des »Märtyrerkaisers« Karl im Oktober 2004 erlebte sie nicht mehr. Während die römisch-katholische Kirche ihn wegen seines vorbildlichen Lebenswandels als Christ, Ehemann, Familienvater und Herrscher in die Reihen der Seligen aufnahm, erregte dies in der Öffentlichkeit gerade aufgrund von Karls Rolle im Ersten Weltkrieg Kritik. Als tatsächlicher Oberbefehlshaber der K.-u.-k.-Armee war der Monarch für unzählige Kriegstote mitverantwortlich.

Die Habsburger als Hoch- und Deutschmeister

Zur standesgemäßen Versorgung der jüngeren Söhne des Hauses Habsburg gehörte ab dem späten 16. Jahrhundert das Hoch- und Deutschmeisteramt des Deutschen Ordens. Besonders eng wurde die Bindung zwischen Orden und Kaiserhaus im 19. Jahrhundert.

Der Deutsche Orden war als geistlicher Ritterorden zur Zeit der Kreuzzüge 1198 in Palästina zum Kampf gegen »Ungläubige« und zum Schutz der Pilger im Heiligen Land gegründet worden. Vom Beginn des 13. Jahrhunderts an war der Orden vor allem im Einsatz gegen die noch heidnischen Preußen aktiv. Es gelang ihm, die »Heidenmission« erfolgreich mit der Errichtung eines autonomen Ordensstaates außerhalb des Heiligen Römischen Reichs zu verknüpfen. An der Spitze des Ordens stand der Hochmeister, der zugleich auch als weltlicher Repräsentant des Deutschordensstaates in Preußen fungierte. Der ausgedehnte Besitz des Deutschen Ordens im Heiligen Römischen Reich, der schon früh durch Schenkungen und Kauf entstanden war, wurde vom Deutschmeister verwaltet.

Nachdem Hochmeister Albrecht von Brandenburg 1525 zum evangelischen Glauben übergetreten war und den preußischen Ordensstaat in ein weltliches erbliches Herzogtum umgewandelt hatte, beschränkte sich die Herrschaft des Deutschen Ordens nur noch auf seine Besitzungen im Heiligen Römischen Reich. Die Hochmeisterwürde ging auf den Deutschmeister über, der sich nun Hoch- und Deutschmeister nannte. Residenz des Ordensoberhaupts und Sitz der Zentralbehörden des Ordensstaates wurde Mergentheim. Da der Orden in der Umbruchzeit nach 1525 auf die Stütze durch das Kaiserhaus angewiesen war, wurde er immer mehr zu einem Objekt habsburgischer Politik. Durch entsprechende Intervention wurde mit Erzherzog Maximilian III. 1585 erstmals ein Habsburger zum Koadjutor gewählt. Als der jüngere

Bruder Kaiser Rudolfs II. fünf Jahre später die Hochmeisterwürde übernahm, begann im Deutschen Orden eine Zeit, in der seine Ordensoberen beinahe ausnahmslos aus fürstlichen Häusern stammten. Bis zum Ende der Monarchie dominierten dabei die Habsburger.

Vielfach verfügten die nachgeborenen Kaisersöhne neben dieser angesehenen Position im Deutschen Orden noch über andere geistliche Pfründen oder weltliche Ämter. Die Verpflichtung zur Ehelosigkeit war im Grunde die alleinige Beschränkung, die dem Hoch- und Deutschmeister abverlangt wurde. Die militärische Orientierung des Ordens ließ sich beispielsweise gut mit einer »weltlichen« soldatischen Karriere kombinieren. Die Stellung des Hoch- und Deutschmeisters besaß zwar für die Habsburger, die meistens keine geistlichen Gelübde ablegten, hauptsächlich den Charakter einer Versorgung, doch bis auf einen einzigen Prinzen betrachteten sie alle ihr Amt als Lebensaufgabe. Nur Erzherzog Karl ließ sich 1804 säkularisieren und verließ den Orden.

Der energische Erzherzog Maximilian III., der Erste in der Kette von habsburgischen Hochmeistern, bewirkte durch eine Reform der Statuten eine geistliche Erneuerung des Ordens und gründete ein Priesterseminar in Mergentheim. Ihm folgten die Erzherzöge Karl (1619–1624), Leopold Wilhelm (1641–1662) und Karl Joseph (1662–1664) nach. Da es danach im Haus Habsburg keine jüngeren Brüder mehr gab, die diese Position hätten einnehmen können, kam es zu einer über hundert Jahre dauernden Unterbrechung. Erst 1780 konnte die Tradition wieder fortgeführt werden, als Erzherzog Maximilian Franz, der jüngste Sohn des Kaiserpaares Franz I. Stephan und Maria Theresia, Hoch- und Deutschmeister wurde. Schon mit zwölf Jahren war er zum Koadjutor gewählt worden. Seine Mutter zeigte sich über diese Versorgung hochzufrieden, wie sie Maximilian Franz wissen ließ: »Das Großmeistertum des Deutschen Ordens ist eine angemessene Stellung. Es ist immer gut, etwas als Eigentum zu besitzen. Betrachte also diesen hochachtbaren Platz als dein größtes Glück und verlasse ihn nicht leichtsinnig und überhaupt niemals, ohne daß der Chef deines Hauses dies billigt oder verlangt.« Mit dem 1801 verstorbenen

Maximilian Franz setzte eine ununterbrochene Reihe von Habsburgern in der Hochmeisterwürde ein. Auf ihn folgte sein Neffe Erzherzog Karl, der nach drei Jahren auf dieses Amt verzichtete. Daraufhin trat Karls jüngerer Bruder Anton Viktor an die Spitze der geistlichen Adelskorporation, wo er bis zu seinem Tod 1835 verblieb. Anton Viktor musste schwerwiegende Veränderungen für den Orden erleben, der zu Beginn des 19. Jahrhunderts eine langjährige Krisenzeit durchlief.

Nachdem der Deutsche Orden bereits 1803 im Zuge der Säkularisation Besitzverluste erlitten hatte, blieben ihm nach seiner Aufhebung in den Rheinbundstaaten durch Kaiser Napoleon am 24. April 1809 lediglich seine Besitzungen auf dem Gebiet der österreichischen Monarchie. Der Sitz des Hochmeisters wurde daher von Mergentheim nach Wien verlegt. Schon der Pressburger Friedensvertrag von 1805 hatte dem Haus Österreich die volle Verfügungsgewalt über die Ordensbesitzungen und das Amt des Hoch- und Deutschmeisters zugebilligt. Der Orden wurde damit untrennbar mit dem habsburgischen Kaiserhaus und der Monarchie verbunden. Als der Wiener Kongress Europa nach dem Ende der Napoleonischen Kriege neu ordnete, erfolgte für den Orden keine Wiederherstellung einer eigenen Souveränität.

Noch kurz vor seinem Tod leitete Erzherzog Anton Viktor im Zusammenwirken mit dem österreichischen Staatskanzler Metternich die Neuordnung des Ordens ein. Auf sein Betreiben hin sorgte Kaiser Franz I. von Österreich 1834 für eine Erneuerung des Deutschen Ordens, der in »Deutscher Ritterorden« umbenannt wurde. Der Orden erhielt den Rang eines selbständigen geistlichen Instituts, das nur durch das Lehensband mit dem Kaisertum verknüpft war. Unter Anton Viktors Nachfolger, seinem Vetter Erzherzog Maximilian Joseph von Österreich-Este, kam es zu einer stärkeren Betonung geistlich-karitativer Ziele. Die Ordensstatuten von 1839 gestanden den neu geschaffenen Priesterkonventen mehr Raum zu. Maximilian Joseph begründete überdies den Schwesternzweig zur Krankenpflege und Mädchenerziehung neu. Eine den zeitlichen Umständen angepasste Reorganisation der Ritterbrüder gelang ihm nicht. Auf den wieder mehr militärisch orientierten Erzherzog Wilhelm (1863–1894) folgte mit Erzherzog Eugen der letzte der zehn habsburgischen Hoch- und Deutschmeister. Wie viele seiner Vorgänger widmete sich Eugen einer militärischen Karriere in der kaiserlichen Armee, wo er bis zum Feldmarschall aufstieg. Als Oberhaupt des Ordens war er zugleich Inhaber des berühmten Infanterieregiments »Hoch- und Deutschmeister« Nr. 4, das der Orden seit 1696 stellte. In seiner Eigenschaft als Kommandant der Südwestfront und als Protektor des Kriegsfürsorgewesens personifizierte der Erzherzog während des Ersten Weltkriegs die beiden Pole des Ordenslebens.

Mit dem Zusammenbruch der Habsburgermonarchie 1918 stand der Deutsche Ritterorden erneut vor einem tiefgreifenden Wandel, weil sich seine Besitzungen nun über vier Staaten verteilten. Nur in Österreich existierte eine Aussicht auf Fortbestand. In der Tschechoslowakei, im Königreich der Serben, Kroaten und Slowenen sowie in Italien wurde der Orden als ein Habsburger Ehrenorden angesehen, weshalb ihm die Enteignung seines Vermögens als vorgebliches Eigentum des einstigen Kaiserhauses drohte. In dieser Situation bot die Umwandlung des Ordens adeliger Ritter in eine reine Priestergemeinschaft eine Chance. Um als Vertreter des alten Systems kein Hindernis zu bilden, entschied sich der Hoch- und Deutschmeister Erzherzog Eugen mit päpstlicher Zustimmung im April 1923 zum Verzicht auf sein Ordensamt und übergab es einen Monat später seinem neu gewählten Nachfolger, dem Brünner Bischof Dr. Norbert Klein. Der militärische Charakter des Ordens gehörte damit ebenso wie seine enge Bindung an das Haus Habsburg der Vergangenheit an. In den kommenden Jahren wurde der Orden von allen Nachfolgestaaten der Donaumonarchie als geistliches Institut der katholischen Kirche anerkannt, und es kam zu einer Einigung über den Ordensbesitz. Seit 1929 führt der Orden wieder seinen alten Namen »Orden der Brüder vom Deutschen Haus St. Mariens in Jerusalem«.

Ausblick

Mit dem Ende des Ersten Weltkriegs ging im November 1918 auch die nahezu 650 Jahre dauernde Herrschaft des Hauses Habsburg in den Donauländern zu Ende. Der Vielvölkerstaat der österreichisch-ungarischen Doppelmonarchie löste sich auf, und auf seinem Gebiet entstanden zahlreiche kleine Nachfolgestaaten. Da die neuen Staaten Österreich und Ungarn als Rechtsnachfolger der einstigen K.-u.-k.-Monarchie galten, kam der »Habsburgerfrage« dort eine besondere Relevanz zu.

Die junge Republik Österreich verfügte am 3. April 1919 im sogenannten Habsburgergesetz, dass sämtliche Herrscherrechte und sonstigen Vorrechte des Hauses Habsburg-Lothringen »in Deutschösterreich für immerwährende Zeiten« aufgehoben seien. Darüber hinaus wurde im Paragraf 2 festgelegt: »Im Interesse der Sicherheit der Republik werden der ehemalige Träger der Krone und die sonstigen Mitglieder des Hauses Habsburg-Lothringen, diese, soweit sie nicht auf ihre Mitgliedschaft zu diesem Hause und auf alle aus ihr gefolgerten Herrschaftsansprüche ausdrücklich verzichtet und sich als getreue Staatsbürger der Republik bekannt haben, des Landes verwiesen.«

Die Angehörigen der Dynastie reagierten unterschiedlich auf die neue Lage, die aus dem Habsburgergesetz resultierte. Es gab keine bedingungslose Unterstützung mehr für das Familienoberhaupt. Das alte Familienstatut von 1839, das dem Kaiser absolute Macht über alle Familienmitglieder einräumte, hatte all seine Bedeutung verloren. Eine größere Anzahl Habsburger unterschrieb die geforderte Verzichtserklärung, akzeptierte die republikanische Staatsform und verblieb in Österreich, wo sie ihren privaten Besitz behielten. Der frühere Kaiser Karl, der nicht bereit war, auf den Thron und seine Herrschaftsansprüche zu verzichten, lehnte dies hingegen für sich und seine Familie ab. Er ging deshalb mit seinen Angehörigen ins Exil. Die Mitglieder der ungarischen Linie des Hauses Habsburg-Lothringen betrachteten sich vor allem als Ungarn und lebten bis 1944 in dem Land.

Ungarn hielt nach einem kurzen republikanischen Zwischenspiel an der Staatsform der Monarchie fest, allerdings ohne König. Unter Verkennung der tatsächlichen Stimmung in der ungarischen Bevölkerung glaubten Karl und seine Umgebung daher, hier bessere Chancen auf eine Wiederherstellung seiner Herrschaft zu haben. Als Folge seiner zwei dort im Abstand von nur wenigen Monaten gescheiterten Restaurationsversuche im Jahr 1921 beschloss die ungarische Nationalversammlung am 6. November die formelle Entthronung des Hauses Habsburg. Das Land blieb aber weiterhin ein Wahlkönigtum mit vakantem Thron.

Nach Karls frühem Tod im Jahr 1922 bemühte sich sein ältester Sohn, Otto von Habsburg-Lothringen, als neuer Chef des Hauses und Thronprätendent um eine Restauration der Monarchie. Unterstützt wurde er dabei von seiner Mutter, der einstigen Kaiserin Zita, die eisern auf den alten Herrschaftsansprüchen beharrte. In den 30er-Jahren schien sich die Lage in Österreich für die Monarchisten und damit für Otto deutlich zu verbessern. Nach Verhandlungen zwischen ihm und der austrofaschistischen Regierung unter Kanzler Kurt (von) Schuschnigg kam es im Juli 1935 zu einer Aufhebung der Landesverweisung der Habsburger. Außerdem wurde die Beschlagnahme ihres Privatvermögens rückgängig gemacht. Im April 1936 wurde der Familienfonds wiederhergestellt. Mit dem Anschluss Österreichs an das nationalsozialistische Deutsche Reich im März 1938 endeten jedoch abrupt alle Planungen für eine monarchistische Restauration. Umgehend wurden die Habsburgergesetze von den Nationalsozialisten wieder in Kraft gesetzt.

Nach dem Ende des Zweiten Weltkriegs und der Wiedererrichtung Österreichs als Zweiter Republik wurde das Habsburgergesetz ein Bestandteil des Österreichischen Staatsvertrags von 1955. Eine Rückkehr des ehemals regierenden Zweigs der Habsburger blieb zunächst unmöglich, weil sich Otto von Habsburg-Lothringen beharrlich weigerte, die Verzichtserklärung zu unterschreiben. Erst im Mai 1961 war er zu der geforderten Loyalitätserklärung bereit, als nicht mehr die Wiedereinführung der Monarchie, sondern die Idee eines vereinten Europas seinen Interessenschwerpunkt bildete. Sein Wunsch, mit seiner Familie in Österreich zu leben, stieß in erster Linie bei den österreichischen Sozialisten auf Widerstand, da sie seinem Gesinnungswandel misstrauten und die Demokratie in Österreich bedroht glaubten. Die über die Aufenthaltsgenehmigung ausgelöste »Habsburgkrise« wirkte sich als schwere Belastung für die Koalitionsregierung von ÖVP und SPÖ aus. Es war ein Urteil des Verwaltungsgerichtshofs im Jahr 1963 und ein Ausscheiden der SPÖ aus der Regierung nach den Neuwahlen von 1966 nötig, damit Österreichs letzter Kronprinz im Oktober 1966 erstmals wieder österreichischen Boden betreten konnte. Nach ersten Protest- und Begeisterungskundgebungen verebbte das Interesse an diesem Thema jedoch rasch. In den kommenden Jahren entspannte sich die Situation zwischen der Republik, ihren Repräsentanten und dem einstigen Herrscherhaus. 1982 erteilte der sozialdemokratische Bundeskanzler Bruno Kreisky der inzwischen 90 Jahre alten Ex-Kaiserin Zita sogar eine Einreisegenehmigung, obwohl diese nie eine Verzichtserklärung abgegeben hatte. Seiner Ansicht nach war die österreichische Republik stabil genug und mit einem Wiederaufflackern monarchistischer Ideen deswegen nicht mehr zu rechnen. Dies zeigte sich auch sieben Jahre später bei Zitas aufwendiger Beisetzung in der Wiener Kapuzinergruft, der habsburgischen Familienbegräbnisstätte. Diese bot ebenso wie jene für den vormaligen Kronprinzen Otto im Jahr 2011 reichlich Raum für die Entfaltung des alten prunkvollen Zeremoniells des Wiener Kaiserhofs, aber nirgends deuteten sich in der Bevölkerung mehr echte monarchistische Tendenzen an.

Bis heute ist das Habsburgergesetz von 1919 in Österreich in Kraft. Da eine Aufhebung des Gesetzes unzählige politische und finanzielle Auswirkungen für den Staat zur Folge hätte, sperrten sich bisher die Regierungen verständlicherweise dagegen. Trotz mehrerer Prozesse kam es auch zu keiner rechtlichen Einigung über das Privatvermögen des früheren Herrscherhauses. Mit Rücksicht auf die Tatsache, dass lediglich die beiden jüngeren Brüder von Otto von Habsburg-Lothringen, Felix und Karl Ludwig, von dem Landesverweis betroffen waren, erklärte die österreichische Regierung im Jahr 1996 diesen Paragrafen des Habsburgergesetzes zu »totem Recht« und gestattete damit auch den letzten Habsburgern, die keine Verzichtserklärung geleistet hatten, die Einreise. Nicht nur Otto von Habsburg-Lothringen, der sich jahrzehntelang als Abgeordneter der bayerischen CSU im Europaparlament Verdienste um die Einigung Europas erworben hatte, sondern auch andere habsburgische Familienmitglieder waren bzw. sind in verschiedenen europäischen Staaten weiterhin politisch aktiv. Bis vor wenigen Jahren waren sie indes noch durch die österreichische Verfassung vom Amt des Bundespräsidenten ausgeschlossen, weshalb Ulrich Habsburg-Lothringen im Jahr 2010 nicht als Bundespräsidentschaftskandidat antreten konnte. Seit dem 1. Oktober 2011 ist dieses Verbot aufgehoben.

Die Familie Habsburg-Lothringen hat zwar seit 1918 sowohl an Exklusivität als auch an Privilegien verloren, doch gleichzeitig gewann sie dafür an »Normalität«. Obwohl heute in Österreich wie in Ungarn mit dem Glanz des einstigen Herrscherhauses äußerst erfolgreich touristische Werbung, aber auch Kulturpflege betrieben wird, führen derzeit die zahlreichen Habsburger, die über die ganze Welt verstreut sind, ein Leben weitgehend fernab von Glamour und Macht und üben völlig alltägliche Berufe aus.

Auswahlbibliografie

Ableitinger, Alfred und Raffler, Marlies (Hg.): »Johann und seine Brüder«. Neun Brüder und vier Schwestern – Habsburger zwischen Aufklärung und Romantik, Konservatismus, Liberalismus und Revolution, Graz 2012.

Beck, Barbara: Die großen Herrscherinnen und Regentinnen. Vom Frühmittelalter bis in die Gegenwart, Wiesbaden ²2016.

Bernecker, Walther L. u. a. (Hg.): Die spanischen Könige. 18 historische Porträts vom Mittelalter bis zur Gegenwart, München 1997.

Craveri, Benedetta: Königinnen und Mätressen. Die Macht der Frauen – von Katharina de' Medici bis Marie Antoinette, München 2010.

Erbe, Michael: Die Habsburger 1493–1918. Eine Dynastie im Reich und in Europa, Stuttgart u. a. 2000.

Felderer, Brigitte (Hg.): Das Letzte im Leben. Einträge zu Sterben und Trauer. 1765 bis heute, Wien 2015.

Flesch-Brunningen, Hans: Die letzten Habsburger in Augenzeugenberichten, München 1982.

Gajik, Helmut (Red.): Die großen Dynastien, München 1978.

Gies McGuigan, Dorothy: Familie Habsburg. 1273–1918, Bergisch Gladbach ²1989.

Hamann, Brigitte (Hg.): Die Habsburger. Ein biographisches Lexikon, München ³1988.

Haslinger, Ingrid und Trumler, Gerhard: So lebten die Habsburger. Kaiserliche und königliche Schlösser in der österreichisch-ungarischen Monarchie, Wien 2007.

Kindermann, Dieter: Die Habsburger ohne Reich. Geschichte einer Familie seit 1918, Wien 2010.

Krieger, Karl-Friedrich: Die Habsburger im Mittelalter. Von Rudolf I. bis Friedrich III., Stuttgart u. a. 1994.

Kurowski, Franz: Der Deutsche Orden. 800 Jahre Geschichte einer ritterlichen Gemeinschaft, Hamburg 2015.

Lauro, Brigitta: Die Grabstätten der Habsburger. Kunstdenkmäler einer europäischen Dynastie, Wien 2007.

Leitner, Thea: Habsburgs verkaufte Töchter, München ⁶1996.

Mraz, Gottfried u. a. (Hg.): Kaisertum Österreich 1804–1848, Bad Vöslau 1996.

Ottomeyer, Hans u. a. (Hg.): Heiliges Römisches Reich Deutscher Nation 962 bis 1806. Altes Reich und Neue Staaten 1495 bis 1806. Katalog, Dresden 2006.

Pangels, Charlotte: Die Kinder Maria Theresias. Leben und Schicksal in kaiserlichem Glanz, München 1980.

Puhle, Matthias und Hasse, Claus-Peter (Hg.): Heiliges Römisches Reich Deutscher Nation 962 bis 1806. Von Otto dem Großen bis zum Ausgang des Mittelalters. Katalog, Dresden 2006.

Schindling, Anton und Ziegler, Walter (Hg.): Die Kaiser der Neuzeit. 1519–1918. Heiliges Römisches Reich, Österreich, Deutschland, München 1990.

Schneidmüller, Bernd und Weinfurter, Stefan (Hg.): Die deutschen Herrscher des Mittelalters. Historische Portraits von Heinrich I. bis Maximilian I. (919–1519), Darmstadt 2003.

Thoma, Helga: Ungeliebte Königin. Ehetragödien an Europas Fürstenhöfen, München ^{9}2010.

Trentin-Meyer, Maike (Hg.): Deutscher Orden 1190–2000. Ein Führer durch das Deutschordensmuseum in Bad Mergentheim, Baunach ^{2}2011.

Unterreiner, Katrin: Die Habsburger. Eine europäische Dynastie im Porträt, Wien u. a. 2011.

Vacha, Brigitte (Hg.): Die Habsburger. Eine europäische Familiengeschichte, ^{2}Graz u. a. 1993.

Vocelka, Karl: Die Familien Habsburg und Habsburg-Lothringen. Politik – Kultur – Mentalität, Wien u. a. 2010.

Vocelka, Karl und Heller, Lynne: Die Lebenswelt der Habsburger. Kultur- und Mentalitätsgeschichte einer Familie, Graz u. a. 1997.

Vocelka, Karl und Heller, Lynne: Die private Welt der Habsburger. Leben und Alltag einer Familie, Graz u. a. 1998.

Wandruszka, Adam: Das Haus Habsburg. Die Geschichte einer europäischen Dynastie, Wien 1978.

Whaley, Joachim: Das Heilige Römische Reich Deutscher Nation und seine Territorien, 2 Bde., Darmstadt 2014.

Weissensteiner, Friedrich: Die österreichischen Kaiser. Franz I., Ferdinand I., Franz Joseph I., Karl I., Wien 2003.

Weissensteiner, Friedrich: Die Töchter Maria Theresias, Bergisch Gladbach 1996.

Weissensteiner, Friedrich: Die Söhne Maria Theresias, Wien 2004.

Weissensteiner, Friedrich: Große Herrscher des Hauses Habsburg. 700 Jahre europäische Geschichte, München 1997.

Weitere spannende Titel bei marixwissen:

Barbara Beck

Die Welfen

Das Haus Hannover 1692 bis 1918

Gebunden mit Schutzumschlag
192 Seiten | Format 12,5 × 20 cm
ISBN 978-3-86539-983-0

Das Barockzeitalter brachte dem Haus Hannover, einem Zweig des uralten Fürstengeschlechts der Welfen, einen unglaublich glanzvollen Aufstieg. Ursprünglich in seiner Machtbasis ganz auf den norddeutschen Raum beschränkt, öffnete sich ihm 1714 dank glücklicher Umstände der Weg auf den britischen Thron und damit auf europäische, sogar auf außereuropäische Bedeutung. Der abwechslungsreichen und spannenden Geschichte dieser deutschen Dynastie spürt das Buch für den Zeitraum zwischen 1692 und 1918 nach. Kurzporträts von 21 bekannten und interessanten Mitgliedern der welfischen Familie sind in prägnante Einführungstexte über die geschichtlichen Zusammenhänge eingebettet. Zusätzlich vermitteln kulturgeschichtliche Sonderkapitel lebendige Einblicke in eine vergangene Welt.

Barbara Beck

Die großen Herrscherinnen und Regentinnen

Vom Frühmittelalter bis in die Gegenwart

Gebunden mit Schutzumschlag
256 Seiten | Format 12,5 × 20 cm
ISBN 978-3-86539-978-6

Jahrhundertelang wurde Frauen ihre mangelnde Eignung zum Herrscheramt immer wieder vorgehalten. Wirkliche Herrscherinnen kraft eigenen Rechts auf den Thronen waren daher selten. Vormundschaftliche Regentschaften bildeten für sie den bedeutendsten Herrschaftszugang. Eine Sonderrolle spielen nur die Statthalterinnen der Niederlande. Das Buch präsentiert 58 Porträts von bekannten und weniger bekannten Fürstinnen aus der Zeit vom Frühmittelalter bis in die Gegenwart, die legitim Herrschaft ausübten. U. a. Isabeau von Bayern, Christina von Schweden, Wilhelmina der Niederlande, Margarete II. von Dänemark und viele weitere.

Barbara Beck

Die berühmtesten Frauen der Weltgeschichte

Vom 18. Jahrhundert bis heute

Gebunden mit Schutzumschlag
192 Seiten | Format 12,5 × 20 cm
ISBN 978-3-86539-942-7

In 53 Kurzporträts werden die Biografien von international bekannten und interessanten Frauen präsentiert.

Während im ersten Band berühmte Frauen von der Antike bis zum 17. Jahrhundert vorgestellt wurden, wird in dem zweiten Band die Porträtreihe vom 18. Jahrhundert bis zur Gegenwart fortgesetzt. Das Buch präsentiert in 53 Kurzporträts die Biografien von international bekannten und interessanten Frauen, die sich auf den unterschiedlichsten Gebieten einen Namen gemacht haben. Der Bogen spannt sich von Monarchinnen und Premierministerinnen über Künstlerinnen und Wissenschaftlerinnen, Frauenrechtlerinnen und Sportlerinnen bis zu Spioninnen, Attentäterinnen und Hexen. Dieser Band enthält die Porträts von: Hannah Arendt, Coco Chanel, Indira Gandhi, Mata Hari, Kaiserin Elisabeth, Golda Meir, Florence Nightingale, Sophie Scholl u. v. m.

FSC
www.fsc.org
MIX
Papier aus verantwortungsvollen Quellen
FSC® C083411

Bibliografische Information der Deutschen Nationalbibliothek
Die Deutsche Nationalbibliothek verzeichnet diese Publikation in der Deutschen Nationalbibliografie; detaillierte bibliografische Daten sind im Internet über http://dnb.d-nb.de abrufbar.

Lektorat: Stefan Gücklhorn
Covergestaltung: Anja Carrà, Weimar
Bildnachweis: Familie Kaiser Maximilians I. / B. Strigel
© akg-images GmbH, Berlin
Satz und Bearbeitung: Medienservice Feiß, Burgwitz
Der Titel wurde in der Minion Pro gesetzt.
Gesamtherstellung: CPI books GmbH, Leck – Germany

ISBN: 978-3-7374-1080-9

www.verlagshaus-roemerweg.de